西南政法大学新闻传

网络游戏中的
优秀文化传播研究

李 华——著

本书为国家社科基金项目"网络游戏中的国家文化安全维护研究"

(15BXW088) 结项成果

知识产权出版社

全国百佳图书出版单位

——北京——

图书在版编目（CIP）数据

网络游戏中的优秀文化传播研究/李华著. —北京：知识产权出版社，2024.10
ISBN 978-7-5130-7690-6

Ⅰ.①网…　Ⅱ.①李…　Ⅲ.①网络游戏—影响—文化—国家安全—研究—中国
Ⅳ.①G12

中国版本图书馆 CIP 数据核字（2021）第 176543 号

责任编辑：栾晓航　　　　　　　责任校对：王　岩
封面设计：杨杨工作室·张冀　　责任印制：刘译文

网络游戏中的优秀文化传播研究

李　华　著

出版发行：知识产权出版社 有限责任公司	网　　址：http://www.ipph.cn
社　　址：北京市海淀区气象路 50 号院	邮　　编：100081
责编电话：010-82000860 转 8382	责编邮箱：luanxiaohang@ cnipr.com
发行电话：010-82000860 转 8101/8102	发行传真：010-82000893/82005070/82000270
印　　刷：北京建宏印刷有限公司	经　　销：新华书店、各大网上书店及相关专业书店
开　　本：720mm×1000mm　1/16	印　　张：13.25
版　　次：2024 年 10 月第 1 版	印　　次：2024 年 10 月第 1 次印刷
字　　数：215 千字	定　　价：78.00 元

ISBN 978-7-5130-7690-6

目录 Contents

目录 Contents

绪　论

绪　论

　　1978 年英国埃塞克斯大学计算机专业学生罗伊·特鲁布肖研发的 MUD❶ 游戏 *MUDI* 昭示着世上第一款网络游戏的诞生。1992 年"台湾中央大学"机械系学生张英豪研发出中国第一款网络游戏——MUD 游戏"Formosa"。1996 年 1 月方舟子等 5 人在加拿大的服务器上研发出一款 MUD 游戏《侠客行》；在借鉴《侠客行》的基础上，同年 9 月一些学生在北京大学的服务器上研发出另一款 MUD 游戏《北大侠客行》，早期玩家来自北京大学、清华大学、中国科学院。《北大侠客行》可算作中国大陆地区网络游戏的开端。

　　随着技术进步与网民剧增，21 世纪以来中国网络游戏行业发展较快。以 2009—2019 年权威数据（表 0-1）为参照，可知 2019 年中国网络游戏用户规模是 2009 年的 5 倍多，年均递增约 5000 万人；2019 年中国网络游戏市场实际销售收入接近 2009 年的 10 倍。近半国人成玩家，使网络游戏注定成为市场前景极好的庞大产业。网络游戏强大的互动性使其比任何其他文化娱乐活动都更有可能影响玩家思想与行为，进而成为极其重要的文化传播载体。这项载体的文化安全品质如何，必然影响到中国国家文化安全的现在与未来。

表 0-1　2009—2019 年中国网络游戏用户规模及网络游戏市场实际销售收入❷

年份	2009	2010	2011	2012	2013	2014	2015	2016	2017	2018	2019
网络游戏用户（亿人）	1.2	2.0	3.3	4.1	5.0	5.2	5.3	5.7	5.8	6.3	6.4

❶　MUD 是 Multiple User Domain（多用户虚拟空间游戏）的简称。玩家以网络为基础，通过输入文字的方式开展此类游戏。

❷　数据来自中国音像与数字出版协会游戏出版工作委员会（GPC）、伽马数据（CNG）联合发布的 2009—2019 年《中国游戏产业报告》，http://www.cgigc.com.cn/gamedata/index_2.html。

续表

年份	2009	2010	2011	2012	2013	2014	2015	2016	2017	2018	2019
网络游戏销售收入（亿元）	262.8	333.0	446.1	602.8	831.7	1144.8	1407.0	1655.7	2036.1	2144.4	2308.8

一、研究背景

（一）网络游戏具有文化传播功能

1. 网络游戏作为艺术作品具有文化内涵

网络游戏是新的艺术形式，这已被不少学者认可。[1] 作为艺术作品，网络游戏能够容纳传统艺术中的文化内涵，比如诗词歌赋、神话传说、绘画书法、经典小说、音乐舞蹈等；还能创造独特的亚文化，比如网络游戏《魔兽世界》创造的舞蹈形式就多达数十种，又如"氪金""组队""打野""抢怪""跑尸""鬼服""一波流"等由网络游戏玩家创造的大量网络流行术语——其中"秒杀""私服""外挂"等术语已超越游戏领域而被网购领域或法律领域采纳。因此有研究者主张网络游戏是继文学、绘画、雕塑、舞蹈、音乐、建筑、戏剧和电影之后的"第九艺术"。[2]

2. 网络游戏作为大众传播媒介具有文化传播功能

郭庆光教授指出，大众传播是专业化的媒介组织运用先进的传播技术和产业化手段，以社会上一般大众为对象而进行的大规模的信息生产和传播活动[3]。其所下定义揭示了大众传播三要素：传播者（专业化媒介组织）、传播载体（先进传播技术和产业化手段）和传播受众（社会上一般大众）。以此为据，网络游戏当属大众传播媒介：第一，在传播者方面，广义网络游戏由专门的游戏发行企业负责出版，狭义网络游戏的运营企业兼具网络游戏出版与运营职能，两者皆属网络出版公司范畴，也是"专业化的媒介组织"；其传播的信息内容则源自网络游

---

[1] 张上. 赛博空间中的传媒艺术——网络游戏的时空转向与艺术表征 [J]. 视听, 2020 (5)：192-193；廖祥中. 网络游戏——带刺的玫瑰 [J]. 现代传播, 2005 (5)：59-61；边晓春. 电子游戏艺术观 [J]. 电子出版, 1995 (7)：39-42.

[2] 刘胜枝. 网络游戏的文化研究 [M]. 北京：北京邮电大学出版社, 2014：56.

[3] 郭庆光. 传播学教程 [M]. 北京：中国人民大学出版社, 2011：99.

戏研发者。既然"以大量发行为目的的各种网络出版公司"是"专业化的媒介组织"的重要的组成部分❶，这些网络游戏企业当然也属于大众传播的传播者。第二，在传播载体方面，网络游戏内容生产须借助专业游戏制作技术，网络游戏运行须以互联网为依托才能实现更快、更广的传播，网络游戏推广已离不开产业化道路，可见网络游戏已具备完整的大众传播载体。第三，在传播受众方面，网络游戏玩家数量极其庞大，具有广泛性与不特定性，属于前述定义所界定的大众传播受众。正因具备大众传播的全部要素，网络游戏才被认为是一种新的大众传播媒介。❷❸

关于大众传媒功能，如今众说纷纭。拉斯韦尔认为有环境监视、社会联系与协调、社会遗产传承功能；赖特认为有环境监视、解释与规定、社会化功能与提供娱乐的功能❹；施拉姆认为有守望者功能、决策功能、社会化功能、娱乐功能和商业功能❺。其中拉斯韦尔所谓"社会遗产传承功能"指大众传媒能记录、保存前人经验、知识和文化并传递给后代❻；赖特的"社会化功能"与拉斯韦尔的"社会遗产传承功能"相似，主张大众传媒在传播知识、价值与行为规范上有重要意义❼；施拉姆提到的"社会化功能"指大众传媒能提供知识、传承文化，提高大众教育水平，让人们在道德、历史、文化上达成共识❽。可见在表述各异的情况下，他们也存在共识，即大众传媒有传播文化的功能。由此，网络游戏也具备文化传播功能。

3. 小结

网络游戏既然同时具有文化内涵与文化传播功能，自可传播文化。研究者纷纷指出：网络游戏不仅有娱乐功能与教育功能，还有文化传播功能，且其在文化

---

❶ 郭庆光. 传播学教程 [M]. 北京：中国人民大学出版社，2011：99.
❷ 薛强. 赛博空间里的虚拟生存：当代中国电子游戏研究 [M]. 上海：复旦大学出版社，2018：23.
❸ 严格说来，网络游戏既可作为大众传播媒介，又可作为人际传播媒介与群体传播媒介。但本书只研究现实意义最大的作为大众传播媒介的网络游戏。
❹ 郭庆光. 传播学教程 [M]. 北京：中国人民大学出版社，2011：99-103.
❺ 李岩. 传播与文化 [M]. 杭州：浙江大学出版社，2009：63-64.
❻ 郭庆光. 传播学教程 [M]. 北京：中国人民大学出版社，2011：99-103.
❼ 郭庆光. 传播学教程 [M]. 北京：中国人民大学出版社，2011：99-103.
❽ 李岩. 传播与文化 [M]. 杭州：浙江大学出版社，2009：63-64.

传播上有特殊优势❶；网络游戏不只是娱乐手段，也是道德文化最好的传播手段❷；作为一种文化传播载体，网络游戏"感同身受""寓教于乐"等特点强化了其对受众的影响❸。

（二）网络游戏文化传播的必要性

1. 网络游戏在文化传播方面的积极作用未获充分重视

新事物诞生伊始，常因缺乏合理、周密的调整而利弊并显，网络游戏亦如是。如能加深了解，逐步抑其弊、增其利，自可引导其造福人类。

然时人对游戏有欠宽容。无论是玩家家长还是新闻媒体，都将目光聚焦于暴力信息、色情信息、变相赌博、沉迷等游戏负面因素。以笔者统计的中共中央委员会机关报《人民日报》2000 年至 2018 年 565 篇网络游戏相关报道为例，其中负面报道有 269 篇，占报道总数的 47.61%；正面报道有 69 篇，占报道总数的 12.21%。澎湃新闻亦曾以新浪新闻检索系统为平台，搜索 2013 年至 2018 年网络游戏相关报道 592 篇，发现偏消极立场报道占比达 51%，偏积极立场报道占比约 20%。其分析结论是：对网络游戏的报道存在妖魔化倾向。❹

网络游戏固有其弊，其利亦不应被忽视。网络游戏已被广泛应用于消防、军事、疾病预防、反恐应急、各级教育培训中。❺ 比如 2009 年武汉市小学四年级教材《综合实践活动·信息技术》就将国产儿童网络游戏《摩尔庄园》收录为网络及其应用部分的教学内容，以开展网络注册、登录与操作的初步教育。❻ 2017 年美国谷歌公司曾研发一款网络游戏 Interland 来帮助儿童学习网络安全知识。为推进游戏教育研究，国内一些单位从 2006 年起陆续举办了十几届电子学习与游戏国际会议。南京师范大学教育游戏研究中心还创办了针对教育娱乐理论与实践

---

❶ 高金燕. 中国民间游戏和电子游戏的社会功能差异 [J]. 艺术与设计（理论版），2010（1X）：286−288.

❷ 任建东. 网络游戏与传统文化的传播 [J]. 伦理学研究，2010（6）：111−113.

❸ 钱奕含. 以《梦幻西游》为例论网络游戏的文化传播载体功能 [J]. 现代阅读（教育版），2012（19）：282.

❹ 柳缘园. 网络游戏脱离妖魔化了吗？[EB/OL].（2019−04−13）[2020−03−09]. https://www.thepaper.cn/newsDetail_forward_3291711, 2019−04−13.

❺ 佩恩，扎莱纳. 小趋势：决定未来大变革的潜藏力量 [M]. 刘庸安，译. 北京：中央编译出版社，2008：297.

❻ 陈文祥. 网络游戏进教材，宜耶不宜？[N]. 中国民族报，2009−5−8（04）.

的国际英文学术期刊 *Transaction on Edutainment*。网络游戏不仅能传播相对简单的知识与技能，还能传播复杂的传统文化与哲学思想。广州网易计算机系统有限公司 2019 年研发的纯国风网络游戏《惊梦》以明代戏曲家、文学家汤显祖的经典剧本《牡丹亭》中同名折子《惊梦》为蓝本，令玩家在探索、解密过程中感受古人对自由恋爱的憧憬，体会中华传统文化的瑰丽及传统文人对人生与生死的思辨，属于近年网络游戏传播中华文化的优秀典范之一。

原文化部市场司副司长张新建曾主张客观评价网络游戏的各种作用❶，不过这类声音在舆论中不占多数。针对网络游戏的以负面为主的舆论会在一定程度上影响资源流向，削弱对网络游戏在文化传播方面的积极作用的重视与挖掘。

2. 优秀文化在网络游戏中的传播存在一定的困难

首先，国内部分游戏企业未能厘清经济效益与社会效益之间的关系，既缺乏正确传播优秀文化的动力，也缺乏对优秀文化的正确认识。在文化产业的许多领域，媚俗一向是不顾长远、只求短期利益的套路。国内游戏产业部分投资者原本意在短期套现，从无创建精品游戏品牌之志，自然一味迎合玩家低层次需求，鼓励设计人员在游戏元素或游戏广告中将对权势、财富、貌美异性的贪婪索取宣扬为 "人生赢家" 标志，进而引诱玩家以非理性消费不断提升其在虚拟世界中的实力；他们给予玩家的既非陶冶情操的优秀文化，亦非增长见识的中华文化，而是虚幻的 "胜利" 与 "荣耀"。一些游戏设计者总将优秀文化视为经济效益的对立面，故吸引玩家手段贫乏，这正是其学科视野狭隘、文化底蕴薄弱、创新能力不足的表现。

其次，合理利用名作或历史素材是各国网络游戏通用的优秀文化或民族文化传播手段，但国内市场上许多游戏不得其法，画虎类犬。这些游戏既不尊重原作与史实，又设计不出符合常理常识的改编方案，哪怕披上一层中华古典名作或中国古代史的 "皮"，也传播不了任何优秀文化或中华文化；至多借着若干人物姓名或团体名称随意编造能够引导玩家 "打怪练级" 却格调不高、内容空洞的剧情。

---

❶　陈祖龙. 加强行业自律促发展——中国网络游戏产业高峰论坛侧记 [J]. 软件和集成电路，2005（7）：20.

最后，部分游戏设计者文化素养与创新精神不足，所制游戏文化包容性差，未能广泛再现丰富的优秀文化。中国网络游戏先行者传播的文化局限于传统文化领域，取材范围不出武侠小说、神话传说与诗词歌赋，思想内涵源自儒释道巫四家。此后 30 余年，国内许多同行置史料、戏剧、宗教典籍等资源与墨家、兵家、法家、农家、名家、阴阳家、纵横家等其他学派于不顾，一意"萧规曹随"，不再进取，致使网络游戏文化内容同质化严重。

3. 青少年游戏玩家易受误导

基于分辨能力及文化知识储备方面的弱点，青少年从来都是文化产品所含不良文化危害数量最多、侵害最严重的群体。相较于其他文化产品，青少年在网络游戏受众群体中所占比例最高，这就扩大了网络游戏中不良文化对青少年的负面影响。

因《王者荣耀》曾将荆轲无端塑造为女性角色，一篇广为流传的小学生作文《我眼中的荆轲》写道："我热爱荆轲，虽然她……"❶ 尽管在"荆轲变性"事件后深圳市腾讯计算机系统有限公司于 2017 年 4 月把游戏中的荆轲改名为"阿轲"并设定为纯虚构的"荆轲的妹妹"，该事件还是反映出部分青少年玩家在游戏错误信息面前的易受误导性。"荆轲变性"事件只是国内市场上网络游戏文化内容品质低劣现象的冰山一角。即使一个遭人为变性的著名历史人物被消除，网络游戏中仍潜藏着无法计数的文化谬误与毒素，误导着抵抗力相对弱小的青少年玩家。

可见，网络游戏在文化传播方面确实存在很多问题，其负面影响也可能较为深远。只有充分重视网络游戏在文化传播方面的积极作用，传播更多的中华优秀文化以影响青少年玩家，才能使其在"推动中华优秀传统文化创造性转化、创新性发展"中发挥自己的能量。

（三）网络游戏文化传播的可行性

在网络游戏领域进行优秀文化传播虽然困难重重，却也存在以下有利条件，为此项工作的开展提供了较高的可行性：

---

❶ 荆轲是女，李白成刺客？玩《王者荣耀》真能学好历史吗？ ［N］. 贵州都市报，2017 - 3 - 30
（V05）.

1. 网络游戏特点与我国游戏企业增多为优秀文化传播提供便利

（1）网络游戏特点为其文化传播提供便利

作为新兴大众媒介，网络游戏有三项特点非常有助于其传播文化，即强大的互动性与文化元素容纳性，以及与受众需求的高度契合性。

①强大的互动性

2020年4月中国互联网络信息中心（CNNIC）发布的第45次《中国互联网络发展状况统计报告》显示：我国网民规模为9.04亿人，互联网普及率达64.5%。[❶] 此次报告未统计青少年网民数量或占比，而在2019年8月发布的第44次《中国互联网络发展状况统计报告》中，10~39岁年龄段是网民的主要群体，比例达65.1%。[❷] 笔者收集的问卷调查数据进一步显示，网络游戏对青少年的吸引力很大。在被问及"如果只能保留以下娱乐方式中的一种而放弃另外两种娱乐方式，请问您选择保留哪一种？"的时候，被调查者中50.1%的中学生和30.96%的成年人选择了网络游戏，放弃了电视和电影。在针对小学生的问卷调查中，笔者发现53.4%的被调查者玩游戏的主要目的是放松身心，18.97%的被调查者在学校和小伙伴经常谈论的话题是网络游戏。这可能意味着网络游戏已成为小学生最重要的休闲娱乐方式之一。

青少年是我国互联网与网络游戏的主要使用者，具备思想未定型、可塑空间大的特点，又将决定国家和民族的未来；所以在不同年龄层次的网络受众与网络游戏玩家中，他们都应是中华优秀文化的传播重心。传统媒体同样可被用于向青少年传播优秀文化，但在与其活泼好动的行为习惯的契合度方面，传统媒体稍逊于网络游戏。在网络游戏中，玩家不必像传统媒体受众那样因单向传播而始终处于被动状态；玩家与玩家或非玩家游戏角色之间始终存在充分互动[❸]，使游戏传播的优秀文化能给玩家留下更深刻的体验与印象。

❶ 中国网信网. 第45次《中国互联网络发展状况统计报告》［EB/OL］. （2020-04-27）［2020-05-08］. http://www.cac.gov.cn/2020-04/27/c_1589535470378587.htm.

❷ 中国网信网. 第44次《中国互联网络发展状况统计报告》［EB/OL］. （2019-08-30）［2020-05-08］. http://www.cac.gov.cn/2019/08/30/c_1124938750.htm.

❸ 孙磊. 从网络游戏的人际互动看网游的"迷群"特点：以《魔兽世界》为例［J］. 东南传播，2010（12）：67-69.

　　同时，信息爆炸时代稀缺的不是信息而是受众注意力。要实现优秀文化有效传播，不能只有好的文化内容，还须借助为多数受众喜闻乐见的传播形式。网络游戏不仅具备形象生动的多媒体形式，其强大的互动性还衍生出游戏文化内容的开放性，玩家不必像传统媒体受众那样无力改变不被自己认可的文化内容；网络游戏玩家可通过自身努力，决定与改变多数与自身直接相关的文化内容——比如玩家扮演的人物外形及玩家拥有的房屋、载具、宠物等道具的种类与外形，甚至有可能在一定程度上改变部分与自身关系不大的文化内容——游戏剧情，从而使游戏传播的优秀文化能吸引到更多的注意力，为实现优秀文化的有效传播奠定坚实基础。

　　②强大的文化元素容纳性

　　在宏观层面，网络游戏背景剧情与任务剧情足以容纳体系化、长篇幅、多主线、深内涵的文化元素；在微观层面，网络游戏中的道具、人物形象、命名风格、语言风格、建筑风格、园林设计、音乐舞蹈、节日庆典、礼仪习俗、玩家交易制度、玩家合作制度、玩家团队分配制度等各种细节的设计，也足以再现或影射某些文化元素的片段。又因网络游戏并无播放时长或文字篇幅之类的限制，其对文化元素的容纳能力完全不逊于影视、文学作品等传统传播方式。不论文化元素内容多么宏伟、深邃，也不论文化元素数量多么庞大，以网络游戏实施传播基本上不存在技术障碍。

　　国产网络游戏囊括不少历史、武侠及神话故事，比如西游系列游戏、三国系列游戏、金庸古龙小说系列游戏。近年来方兴未艾的国风游戏更是网络游戏对中华传统文化元素具有强大容纳性的最好证明。国风游戏即中国传统风格游戏，指建立在中国传统文化基础上，蕴含大量中国元素并与现代流行趋势相结合的游戏类型。比如 2009 年北京金山办公软件股份有限公司西山居工作室推出的《剑侠情缘网络版叁》以唐朝为背景，在物质文化层面展现唐朝最大规模的宫殿群——大明宫、唐人服饰与日常用具等，在精神文化层面展现大量记述唐史与唐代社会生活的古代典籍、诗画艺术，较全面地展现从盛唐到中唐的时代变革及其深刻根源等，堪称国风巨制。2019 年北京故宫博物院与广州网易计算机系统有限公司联合研发的网络游戏《绘真·妙笔千山》以北宋画家王希孟的唯一传世作品

《千里江山图》为故事架构，场景、人物设计古色古香，叙事运用了大量古典元素，尤其是其美工、曲乐皆属上乘，颇能吸引玩家对中国古典绘画艺术的兴趣。在传播实践中，国风游戏可集中华传统文化中的艺术、价值观、世界观等多种元素于一身，将具有中华风格的人物、场景、建筑等设计综合成画面以具象化呈现；将中华传统哲学、宗教和故事融入游戏任务和游戏整体构架中；将中华传统曲艺融合在游戏音乐里。

正是强大的文化元素容纳性，使网络游戏有可能成为优秀文化的优质载体。

③与受众需求的高度契合性

文化传播活动要实现良好效果，离不开受众对文化信息的有效接收。一般情况下，受众的心理期待与所传播的信息内容越是一致，则受众的有效接收效果越好。从"受"的角度看，网络游戏完全具有强化国家文化安全屏障的潜力，因为网络游戏所传播的优秀文化与多数玩家期待从游戏中获取的精神养料高度契合。笔者收集的问卷调查数据显示，被调查者中57.5%的中学生和61.5%的成年人表示会参与游戏中与增强其游戏角色实力无关的活动——在网络游戏中，文化内容大多都被设置于这类与增强游戏角色实力无关的活动中，比如游玩、探秘、与大量非玩家游戏角色交谈等。这说明多数玩家具有通过网络游戏接受文化传播的心理期待。此外，被调查者中44.0%的中学生和45.5%的成年人选择游戏的理由之一是"有文化内涵"，53.6%的中学生和48.8%的成年人选择游戏的另一项理由是"益智"。当面临自己不了解的传统文化时，很多玩家表示想通过某款游戏稍加了解。比如对451名不了解中国古代纵横家、阴阳家、名家和兵家主要观点的中学生进行的问卷调查结果显示，68.0%的中学生愿意通过游戏稍加了解；对446名不了解中国古代纵横家、阴阳家、名家和兵家主要观点的成年人进行的问卷调查结果显示，57.0%的成年人愿意通过游戏稍加了解。这些是玩家对高品质文化内涵游戏的心理需求的直接表达。

以上调查数据证明：国内市场上部分网络游戏文化品质不高，并不代表多数游戏玩家只想在网络游戏中"打怪练级"。真实情况很可能是：多数玩家确实期盼能够接触具有很高文化品质的网络游戏，以便在娱乐中学习，在学习中娱乐，只是当前游戏企业与游戏设计人员暂时无力提供能够完全满足玩家要求的游戏产品，玩家们才不得不浪费时间在一些文化品质低劣的游戏中"打怪练级"。假如网络游戏的文化品质能在不断革新中逐渐提高，就可成为满足玩家文化需求的优质媒介。

（2）我国游戏企业增多为网络游戏文化传播提供便利

网络游戏的特点使其可被应用于传播优秀文化，这只是一种理论上的可能。它在现实中是否被切实应用于传播优秀文化，取决于多种因素。主要决定因素之一在于：游戏研发者是中国主体还是外国主体？

从意识形态角度观察，由来自资本主义国家尤其是美国、韩国、日本这三个世界游戏强国的游戏研发者研发的网络游戏要么会回避社会主义文化，要么会丑化社会主义文化；在传播优秀文化时往往会习惯性地把欧洲当作优秀文化的主要发源地，展现中华民族优秀文化的概率相对较低。一般情况下，唯有中国游戏研发者才有可能衷心认同社会主义文化，衷心认为中华民族是一个优秀民族，并在网络游戏中体现这种观念。

从文化知识储备角度观察，面对文化差异障碍，多数游戏研发者都更熟悉其本国文化，对外国文化比较陌生。以美国暴雪娱乐有限公司研发的《魔兽世界》为例，该游戏同时传播欧美文化、非洲文化、中亚游牧民族文化、阿拉伯文化、中华文化、印第安文化等多种文化。但哪怕该游戏以文化包容性强而著称，仍不免将欧美文化当成主体文化，其他文化只作点缀；亦不免在传播游戏研发者不太熟悉的其他文化时出现细节错误。同理，若要促进中华优秀文化在网络游戏领域的传播，最适当的主体必然是中国游戏研发者。

从规范效果角度观察，中国政府与网络游戏相关行业组织所制定的法律规范、政策规范或道德规范对不同国别主体的规范效果存在明显差异——对外国主体规范效果较弱，对中国主体规范效果很强。中国游戏研发者受到中国相关规范的全面制约，无论其产品是在国内市场发行还是用于出口，基本上都会遵守规范。外国游戏研发者为获取中国市场准入资格，制作游戏的中国版本时会尽量服从相关规范最低限度的要求，即不传播不良文化，但未必传播优秀文化或中华文化；而在制作游戏的其他国家版本时，就不再受中国相关规范束缚。个别发达国家游戏企业因其产品严重违反中国法律，长期不能进入中国市场，就变本加厉地在部分游戏产品中加入反共或辱华内容，以此作为其产品在其他国家市场上的卖点之一。

在中国网络游戏行业发展初期，国内市场上最热门的游戏往往是来自游戏强国的外国游戏，多数中国玩家对美国、韩国、日本的游戏耳熟能详。这种状况若长久持续，将不利于中华文化与社会主义文化传播。此后随着中国网络游戏制作者迅速增多，国产网络游戏开始占据国内市场主流地位，热门手机网络游戏基本上都是国产游戏。在国内市场，国产网络游戏销售收入从 2006 年起超过进口游戏销售收入。近年来国产网络游戏还实现对外出口。2019 年国产游戏出口收入达 115.9 亿美元。❶ 笔者对游戏玩家的问卷调查也印证了这一事实：被调查者中 80.40% 的中学生和 67.44% 的成年人最喜欢的游戏都是"国产游戏"。这表明中国网络游戏研发者正逐步夺回网络游戏领域的文化传播主导权，为在网络游戏领域传播优秀文化提供了良好条件。

2. 相关部门与部分企业的重视有利于培育网络游戏文化传播的良好环境

对于网络游戏领域文化侵略，中国政府原本依照一般性传播法律制度与相关政策实施管制。2010 年文化部颁布中国首部网络游戏专门性部门规章《网络游戏管理暂行办法》，在原有传播法律制度基础上大大增强规范的可操作性，进一步优化了对网络游戏的行政管理。此外主管部门从 2004 年以来一直持续扶持优秀国产网络游戏发展。面对外国游戏层出不穷的反共或辱华事件，国内若干游戏企业奋起反击，研发爱国主义题材网络游戏。相关部门与部分企业的重视有助于净化网络游戏市场，可在一定程度上为排除网络游戏中的不良文化传播提供便利。

3. 技术与投资差距不大使我国掌握网络游戏领域文化传播话语权成为可能

长久以来，影视剧一直是文化娱乐领域美国文化传播的主渠道。中国要在该领域掌握话语权，乃至将中华文化推广到全世界，以影视剧为突破口比以网络游戏为突破口难度更大。原因在于：（1）技术差距不同。中国电影产业重视明星

---

❶ 中国音像与数字出版协会游戏出版工作委员会（GPC），国际数据公司（IDC）. 2019 年中国游戏产业报告 [M]. 北京：中国书籍出版社，2019：9；游戏产业网. 2017 年 1—6 月中国游戏产业报告 [EB/OL]. (2017-08-03) [2020-03-05]. http://www.cgigc.com.cn/gamedata/13674.html.

效应，不太重视技术层面贡献力；一些特效、特技的制作等技术工作需要请外国公司来做。● 而中国游戏界一开始就重视中、外游戏制作技术的巨大差距并奋起直追，部分游戏企业甚至存在过度重视技术而相对轻视文化元素设计的问题。目前一些优秀国产网络游戏在画面细腻与逼真程度、动作流畅与合理程度等方面其实不逊于国外优秀网络游戏。像《战意》《虎豹骑》之类的国产网络游戏虽研发较晚，但仅就游戏视觉效果而言，整体上已达到美国优秀网络游戏《魔兽世界》水平，局部上甚至有所超越。（2）投资差距不同。网络游戏研发成本通常低于影视剧摄制成本，而在端口种类不同的网络游戏中，手机游戏研发成本通常低于电脑游戏研发成本。文化娱乐产业的中国投资者与发达国家同行相比，资金总额不占优；若想争取该领域领先地位，最适当的突破口恐怕不是成本较高的影视剧，而是成本较低的网络游戏，尤其是手机游戏。唯有先在手机游戏上获得优势地位，才能以点破面谋求整个网络游戏产业的优势地位，进而为中国企业在文化娱乐产业的异军突起创造更好的环境。

通过对最受青少年欢迎的热门娱乐方式——影视与网络游戏的对比，不难发现网络游戏是最适于向青少年传播优秀文化的"短平快"方式。不论就投资差距还是就技术差距而言，都是我国网络游戏赶超难度最低的现实选择。

二、基本概念与研究现状

（一）基本概念

1. 网络游戏

网络游戏是以互联网为依托，拥有具备特定规则的虚拟世界，允许多人在虚拟世界中同时参与的交互式游戏。● 按不同标准，网络游戏可分为不同种类。

第一，按照游戏参与人数可分为广义网络游戏和狭义网络游戏●。广义网络游戏指利用一切支持多人同时参与的网络技术开展的网络游戏。当前技术条件下的广义网络游戏包含以互联网为基础的网络游戏和以局域网为基础的网络游戏

● 王品芝. 中国电影最大问题是技术人才薄弱［N］. 中国青年报，2015-6-11（11）.

● 黄少华，杨岚，梁梅明. 网络游戏中的角色扮演与人际互动——以《魔兽世界》为例［J］. 兰州大学学报（社会科学版），2015（2）：93-103.

● 李琪，李峰. 网络游戏：潜力巨大的新兴电子商务应用［J］. 电子商务，2004（10）：68-72.

（即联机游戏）。因互联网网速极高，以其为基础的网络游戏可容纳数量极多的玩家（比如数千人甚至上万人）同时参与；而局域网网速较低，以其为基础的网络游戏可容纳同时参与的玩家数量较少（从几人到几十人、两三百人不等）。狭义网络游戏专指依托互联网的网络游戏。尽管在理论上广义网络游戏包含了狭义网络游戏，但为指称便利，本书只将以互联网为基础的网络游戏称为狭义网络游戏，也只将以局域网为基础的网络游戏称为广义网络游戏。两种网络游戏参与人数相差较多，但本质相同，因此本书确定的研究样本以狭义网络游戏为主，兼顾广义网络游戏。

第二，按照游戏玩法可分为策略类、角色扮演类、射击类、动作类、竞速类、休闲类、音乐舞蹈类、宠物养成类等。虑及游戏蕴含文化元素的多少及游戏流行程度，本书确定的研究样本以角色扮演类网络游戏为主。因为游戏蕴含文化元素越多，出现优秀文化的概率越高；游戏流行程度越高，优秀文化对受众的影响越大。

第三，按照游戏终端种类可分为端游和手游❶。端游的终端是电脑，其全称是电脑游戏；手游的终端是手机，其全称是手机游戏。由于端游发展历程长于手游，当前享誉世界的热门游戏全是端游；又因电脑信息存储力与运算力强于手机，端游的文化含量通常远远高于手游。因此本书确定的研究样本以端游为主，兼顾若干热门手游。

2. 优秀文化

通过网络游戏传播优秀文化，使游戏玩家在一定程度上得到熏陶，促进社会进步。不论是中华优秀文化还是外国优秀文化，它们的传播有助于改善人的精神品质、提高精神文明建设水平，这毋庸置疑。但如何辨别优秀文化，涉及文化评价问题和优秀文化的内涵问题。

关于文化评价问题，学界曾提出多种观察视角与评价标准。❷对本书而言，分清文化评价的历史性视角和时代性视角非常必要。文化评价的历史性视角要求

❶ 胡杨，董小玉. 数字时代的虚拟文化空间构建——以网络游戏为例［J］. 当代传播，2018（4）：37-40. 按照游戏终端不同研究者将网络游戏分为端游、页游和手游，笔者认为页游其实也是在电脑上运行的，所以将页游划入端游部分。
❷ 李宗桂. 试论中国优秀传统文化的评价标准［J］. 社会科学战线，2017（8）：1-9；邵汉明. 中国文化研究30年［M］. 北京：人民出版社，2009：37-40.

从特定历史时期的政治经济环境出发，观察特定文化在该历史时期所起的作用。该视角与本书关系不大，故不采纳。文化评价的时代性视角要求从当前历史时期的政治经济环境出发，考察特定文化在当代所起的作用。❶ 该视角对实现研究目的颇有助益，被借鉴为本书的主要文化评价视角。至于文化评价标准，则主要是看特定文化是否符合社会进步方向，以及是否符合人民群众的根本利益。

关于优秀文化的内涵问题，目前缺乏直接研究；但关于何为中华优秀传统文化，却有大量研究成果。中山大学马克思主义哲学与中国现代化研究所暨哲学系博士生导师李宗桂教授指出中华优秀传统文化是"中国传统文化的精华所在、精神所在、气魄所在，是体现民族精神的价值内涵，主要体现于思想文化层面（精神文化层面）。"❷ 以此为参照，优秀文化是指具有重要价值的思想文化。进而可推知所谓网络游戏中的优秀文化，是指网络游戏中符合当前社会进步方向、符合当前人民群众根本利益的思想文化。

鉴于研究落脚点是提升我国游戏文化传播的品质，本书总结分析的网络游戏中的优秀文化以中国为主、外国为辅；即使涉及外国优秀文化，其着眼点也是要符合当前中国社会进步方向、符合当前中国人民群众根本利益。

（二）网络游戏文化研究现状

20世纪90年代电子游戏被纳入学术视野。网络成瘾症的研究是早期游戏研究的重要内容之一。国际游戏开发者协会主张游戏研究框架应包含游戏与社会、游戏系统与游戏设计等核心主题，其中很多主题与文化密切相关。网络游戏文化研究自始即为发达国家游戏研究的重点。甚至有人认为游戏是一种历史的呈现形式；作为历史的游戏所展现的是作者对这一主题思考的框架。❸ 早期游戏研究关注游戏的本质，大致可以分为叙事学和游戏学两大派别。叙事学游戏研究者重视的是游戏故事剧情，游戏学游戏研究者重视的是游戏的可玩性、规则设置、人机互动和玩家之间的互动。

从著作《将游戏视为文化艺术：论幻想游戏中的现实认同与体验》（*Gaming*

---

❶ 宋文生. 哲学视野的文化评价标准及其意义 [J]. 湖北社会科学，2014（5）：101-103.

❷ 李宗桂. 试论中国优秀传统文化的内涵 [J]. 学术研究，2013（11）：35-39.

❸ WRIGHT, ESTHER. Digital Games as History：How Video games Represent the Past and Offer Access to Historical Practice [J]. Journal of Popular Culture，2017（6）：1451-1453.

as culture：Essays on reality identity and experience in fantasy games）到《游戏与文化》（*Games and Culture*）之类的期刊，国外积累了大量该领域研究成果。发达国家网络游戏文化研究步入较深层次，表现为：

（1）研究视角已超越对传统文化的简单再现，将游戏与思想、学习、性别、儿童、战争等诸多现实问题相联系。对《魔兽世界》《无尽的任务》等热门网络游戏，研究重心已转移到网络游戏与知识获取、个性与表演、媒介与受众之间的关系等问题上。❶

（2）研究对象相当广泛，不仅研究通过网络游戏传播现存的文化，还将研究扩展到网络游戏文化传播的历程、范式、所传播的文化种类等对象上。关于网络游戏所传播的文化种类，研究者不仅研究网络游戏对一般意义上的文化的传播，还将研究对象扩展到作为一种亚文化的"网络游戏文化"的传播❷。关于网络游戏文化传播历程，Fraser Allison 等在回顾数字游戏中声音交互历史的基础上指出，数字游戏中语音交互的使用与新平台和智能技术的出现相呼应，具体可分为七个不同的阶段。❸ 不仅如此，研究对象还涉及从文化角度探讨游戏流行的原因，比如 Hugh Davies 等从北亚文化的共性（如佛教禅宗哲学、职业道德和家庭价值观）角度考察日本网络游戏《旅行青蛙》在中国流行的原因。❶

（3）研究方法多样，常运用量化研究、文化研究和跨学科研究相结合的方法。比如马克·J. P. 沃尔夫在其著作《电子游戏媒介》（*The Medium of the Video Game*）中借用电影批评方法，从时间、空间、叙事、类型研究等多方面对电子游戏媒介进行考察，认为电子游戏可视作文化实体和心理原型的档案室，对认知

❶　BESOMBES N, MAILLOT P. Body Involvement in Video Gaming as a Support for Physical and Cognitive Learning［J］. The International Journal of Research into New Media Technologies, 2020（4）：402 –420；WILLIAMS D, YEE N, CAPLAN S E. Who Plays, How Much, and Why? Debunking the Stereotypical Gamer Profile［J］. Journal of Computer – Mediated Communication, 2008（4）：993 – 1018；ONDREJKA. Finding Common Ground in New Worlds［J］. Games & Culture, 2006（1）：111–115.

❷　SHAW A. What Is Video Game Culture? Cultural Studies and Game Studies［J］. Games & Culture, 2010（5）：403–424.

❸　ALLISON F, CARTER M, GIBBS M. Word Play：A History of Voice Interaction in Digital Games［J］. Games & Culture, 2020（3）：91 –113.

❶　DAVIES H, LI Z. Travel Frog：Traversing Cultural Borders with Mobile Games［J］. The International Journal of Research into New Media Technologies, 2019（1）：1–17.

当代文化和时代心理具有重要价值。美国斯坦福大学博士叶·尼古拉斯用近七年时间，对大型多人在线角色扮演类网络游戏和虚拟现实中的社会互动、自我实现进行理论探讨和实证分析。他以 4 万多名游戏者为实证分析样本，对大型多人在线角色扮演类网络游戏中玩家的态度、动机、偏好、价值取向、情感投入、人际关系和困惑等重要问题展开讨论。

网络游戏对任何国家而言均为新生事物，因此国内对网络游戏文化传播的研究与发达国家基本同步，但成果不多。国内网络游戏文化研究大致分两阶段。第一阶段为 1996 年至 2006 年，研究成果数量少，研究焦点集中于网络游戏文化传播的消极面尤其是色情、暴力文化与游戏成瘾等。第二阶段为 2007 年至今，研究内容不再偏重于揭示网络游戏文化的消极面，逐渐扩展到网络游戏与文化传播的关系❶、网络游戏文化传播的类型❷与效果❸等方面。第二阶段最具代表性且数量最多的成果集中于网络游戏传播传统文化课题领域，包括：

（1）网络游戏传播传统文化的意义。多数研究者赞同传统文化和网络游戏结合，以使传统文化获得新传播平台❹，使网络游戏基于文化特色赢得更多市场❺。不仅如此，中华传统文化具有广泛的民族基础，能成为中国网络游戏实现民族化、抵御文化侵略的重要文化资源。❻ 但研究局限于实践层面，缺乏理论支撑。

---

❶ 胡杨，董小玉. 数字时代的虚拟文化空间构建——以网络游戏为例 [J]. 当代传播，2018（4）：37-40；郑笑眉. 网络游戏《魔兽世界》的霸权文化 [J]. 视听，2014（12）：7-9；李兴亮，付蓉. 媒体文化视野中的网络游戏 [J]. 新闻界，2007（3）：32，47-48.

❷ 王超. 网络游戏语言研究——以《王者荣耀》为例 [J]. 汉字文化，2020（1）：100-102；张贺军，刘胜枝. 从人物角色看网络游戏对小说文学性的消解：以小说《诛仙》及其同名网络游戏为例 [J]. 北京邮电大学学报（社会科学版），2012（1）：21-24；吴玲玲. 网络游戏的传播模型建构与传播机制分析 [J]. 福建论坛·人文社会科学版，2010（4）：104-105.

❸ 张昆，任怡林. 情感的中介效应：网络游戏用户认知与使用行为意向 [J]. 新闻与传播评论，2020（1）：32-46；朱艳琳. 从《英雄联盟》到《王者荣耀》：理性思考网络游戏文化 [J]. 新媒体研究，2017（14）：105-106；舒小坚.《三国志》系列游戏传播启示 [J]. 当代传播，2011（4）：115-116.

❹ 杜沁，孙默融. 游戏产业助推文化出海 [N]. 人民日报：海外版，2019-2-1（08）；谭震. 网络游戏助力中国传统文化推广 [J]. 对外传播，2018（12）：60；陈盼. 中国传统武术在网络游戏中的运用 [J]. 体育科技文献通报，2016（10）：144-146.

❺ 龚余辉，陈彦君. 论国产网络游戏中民族文化建设的重要性 [J]. 设计艺术研究，2020（2）：27-29，34；张俊. 网络游戏：传承和发展中国传统文化的新平台 [J]. 市场瞭望，2014（8）：115.

❻ 崔玉霞. 古代侠客文化与现代网络游戏 [J]. 江西社会科学，2005（1）：175-178.

（2）网络游戏传播传统文化的内容——包括武侠❶、游仙❷、神话❸、历史❹等。但研究偏重于现状描述，极少意识到应区分传统文化中的精华与糟粕及在传播中应有所取舍。

（3）网络游戏传播文化的方式。在阐释服饰、画面、音响、故事情节、建筑风格、游戏氛围等时，研究者主张游戏构成元素应尽量民族化❺；但对游戏玩家、游戏研发者、游戏市场等游戏外因素与传统文化传播之间的关系考虑不足。

（4）网络游戏传播文化存在的缺陷——包括题材重复❻、内容多为韩国网络游戏翻版❼、未反映传统文化精髓❽、传统文化呈现存在低俗和过度暴力现象❾。但其实证分析局限于比较多款国内网络游戏，较少考察国内运营的国外网络游戏。

网络游戏可作为传播优秀文化的平台，但学界和业界对该平台文化传播功能的重视仍有不足。与此同时，优秀文化传播正面临障碍，有可能使网络游戏的文化传播功能相关课题具备更重要的理论与现实意义。

三、研究方法
（一）虚拟民族志

虚拟民族志"是以网络虚拟环境作为主要的研究背景和环境，利用互联网的表达平台和互动工具来收集资料，以探究和阐释互联网及相关的社会文化现象的

❶　崔玉霞. 古代侠客文化与现代网络游戏 [J]. 江西社会科学, 2005 (1)：175-178.

❷　罗斌. 论国产网络游戏对中国传统文化的继承 [J]. 东南传播, 2007 (8)：107-108.

❸　梅仕士. 论民间文化元素在电脑游戏创作中的运用：以网络游戏《暗黑破坏神》为例 [J]. 民俗研究, 2007 (4)：81-104.

❹　伍星尧. 架空与重构：网络游戏中历史文化的表现形式 [J]. 科技传播, 2019 (2)：181-186.

❺　黄鸿讯, 黄旭民. 人物服饰设计在网络游戏中的应用 [J]. 神州, 2020 (14)：249；李磊. 传统文化在网络游戏场景造型设计中的体现 [J]. 美与时代（上）, 2015 (2)：104-106；肖莹艳. 浅析女性需求心理变化对网络游戏服饰变化产生的影响 [J]. 黑龙江纺织, 2014 (2)：32-33, 34；冯东, 付玉, 薛勇. 电子游戏视觉艺术设计中的民族文化元素应用研究 [J]. 宁夏大学学报（人文社会科学版）, 2010 (1)：209-211；涂锐. 中国传统文化在网络游戏中的表现与运用 [J]. 东南传播, 2009 (2)：121-122.

❻　雷霞. 被误读的重要网络文化：网络游戏 [J]. 新闻与写作, 2012 (1)：19-21.

❼　白爱萍. 民族网络游戏与中国优秀民族文化的传承 [J]. 东南传播, 2006 (9)：11-13.

❽　高东旭. 网络游戏亟需重塑历史观 [J]. 中国文艺评论, 2017 (8)：24-27；任建东. 网络游戏与传统文化的传播 [J]. 伦理学研究, 2010 (6)：111-113.

❾　齐水霞. 中国传统文化在网络游戏传播中的问题简析 [J]. 东南传播, 2018 (8)：50-52.

一种方法"❶。笔者对重点调研的 7 款网络游戏均采用虚拟民族志研究方法。将这些游戏作为"研究田野",创建至少一个虚拟角色进入,通过远距离观察和近距离互动实现资料收集。远距离观察主要指阅读游戏文本、图像和符号等。近距离互动则涉及与其他玩家及非玩家游戏角色的交流、沟通、合作、竞争等。对于一般性调研的多款游戏也使用虚拟民族志研究方法,只是调研深度相对浅一些、广度相对窄一些。

虚拟民族志局限于在线环境,为弥补在线调查的不足并印证通过虚拟民族志研究得出的若干结论,笔者还对一些玩家与游戏设计人员进行深度访谈。所访谈的玩家多为在校学生,因多数家长与老师对玩游戏有一定成见,故受访者一般都表示不公开个人信息。为维护受访者合法权益,本书对其个人信息均不公开。

(二) 文本分析法

文本分析法强调对媒介内容的深入理解,以获得深入的隐含的意义。❷ 笔者通过对 7 款重点调研游戏样本和 120 款一般性调研游戏样本的剧情、图像、文字介绍、人物形象等元素进行文本分析,探究游戏中传播的优秀文化。

(三) 问卷调查法

问卷调查法是一种以问卷为工具,采用自填问卷或结构访问的方法,系统地、直接地从一个取自总体的样本那里收集资料,并通过分析这些资料来认识社会现象及其规律的社会研究方法。❸ 笔者主要通过邀请游戏玩家自填问卷的方法了解其对网络游戏中各种文化及文化影响效果的认知或感受。将问卷调查法的调查结果与通过其他研究方法得出的研究结果进行比较,可为本书研究结论的科学性奠定较坚实的基础。

笔者曾上网发放问卷 815 份,回收有效问卷 688 份❹。此次调查中,被调查对象学历层次以大学本科生与研究生为主,且均为成年人。为使调查结果更全面,又对中小学生进行了线下问卷调查。针对中学生的问卷与线上问卷为同一问

---

❶ 卜玉梅. 虚拟民族志:田野、方法与伦理 [J]. 社会学研究, 2012 (6):217-236, 246.
❷ 陈阳. 大众传播学研究方法导论 [M]. 北京:中国人民大学出版社, 2015:232.
❸ 风笑天. 社会调查中的问卷设计 [M]. 北京:中国人民大学出版社, 2014:1.
❹ 问卷中包含被调查者是否玩过游戏的问题。不玩游戏的被调查者所填问卷对本研究作用不大,因此将这部分问卷归入无效问卷。下文所说"有效问卷"和"被调查者"均与此一致。

卷，发放问卷 715 份，回收有效问卷 621 份。因小学生文化层次较低，认知能力有限，专为小学生设计一份问卷；发放 597 份，回收有效问卷 580 份。此外为满足具体问题分析需要，笔者对相关玩家进行过几次小范围问卷调查，包括对三国题材游戏玩家与《阴阳师》玩家的调查。

四、研究样本

结合前述网络游戏的相关因素，笔者重点调研的网络游戏包括 5 款端游——《魔兽世界》《剑侠情缘网络版叁》《大航海时代 Online》《剑灵》《英雄联盟》和 2 款手游——《王者荣耀》《阴阳师》。这 7 款游戏的特点为：

第一，具有很高热度或较高程度的代表性。《魔兽世界》《剑网情缘网络版叁》《英雄联盟》《王者荣耀》《阴阳师》在 "新浪游戏" "腾讯游戏" "17173" "游戏产业网" 这四个国内著名游戏评价平台近几年的年度游戏评价排行中获得较高评价。《剑灵》《大航海时代 Online》虽不够热门，但前者是当前在国内运营的最有代表性的韩国游戏，后者是当前设计水平最高的历史题材网络游戏之一。

第二，以中国游戏为主（3 款），兼顾美国（2 款）、韩国（1 款）和日本（1 款）游戏。在外国游戏中之所以只重点研究美、韩、日三国游戏，是因为它们均为世界游戏强国，其游戏产品较为经典且流行程度很高❶。

第三，大多蕴含丰富文化元素。在重点调研样本选择上，不论以端游为主还是以角色扮演类游戏为主，都已考虑到这些类型游戏所含文化元素多于其他类型。哪怕作为例外的 2 款手游，其文化元素含量也明显高于一般手游。

在各研究样本当中的素材抓取方面，本书紧扣 "优秀文化"，并不探讨网络游戏涉及的一般性文化。

---

❶　从整体上看，这些游戏强国研发的网络游戏在中国端游市场上相较于中国国产游戏仍有一定优势，在国际端游市场上则遥遥领先于中国国产游戏，影响力极大。

第一章

网络游戏中的优秀道德文化

第一章
网络游戏中的优秀道德文化

　　道德文化是精神文化的重要组成部分，是整个文化的本质部分，也是文化发展的最重要方面。❶ 首先，作为一种精神现象，道德文化是对社会存在的反映，并随着社会的发展而发展。儒家文化是中国传统文化的主流，强调稳定、秩序、等级和结构。❷ 其中仁、义、礼、智、信是儒家文化坚持和倡导的基本伦理规范。中国传统道德甚至当代社会主义核心价值观的许多内容均与儒家文化有着千丝万缕的联系，有的甚至直接源于儒家文化。其次，道德以特殊的形式反映社会经济状况，解决个人利益与社会利益的矛盾。不同社会集团所遵守的社会规范不尽相同，形成不同的道德体系。最后，道德文化调节社会关系非常依赖人自身的文化素养，极其注重人内心形成的精神力量。❸

　　凡符合当前社会进步方向、当前人民群众根本利益的道德文化都值得在网络游戏中提倡和展现，这有助于游戏玩家的精神熏陶。精神上的真诚认可才能带来行动上的自觉，网络游戏传播社会主义道德文化或者其他优秀道德文化，都有可能在一定程度上促进玩家对优秀道德的认同，将会增加国家文化安全利益；反之，网络游戏若宣扬资本主义道德文化或者其他不良道德文化，则可能诱导部分玩家在现实生活中倾向于资本主义道德或其他不良道德，有损国家文化安全利益。

　　在重点调研的 7 款网络游戏和一般性调研的若干游戏中，爱国、团结、友善、勇毅等优秀道德文化出现频率较高，而节俭之类的优秀道德文化出现频率极低。这可能与游戏剧情选材不适于表现节俭美德有关，更可能与多数游戏研发者

---

❶ 《当代社会科学大词典》编委会. 当代社会科学大词典 [M]. 南京：南京大学出版社，1995：106.

❷ 罗成琰，阎真. 儒家文化与二十世纪中国文学 [J]. 文学评论，2000（11）：26-39.

❸ 李忠尚. 软科学大辞典 [M]. 沈阳：辽宁人民出版社，1989：652.

对节俭缺乏足够认同有关。这是值得注意的一个问题。所调研的游戏中，优秀道德文化主要包括以下几个方面。

一、爱国

《剑侠情缘网络版叁》霸刀山庄背景剧情中，霸刀山庄处于安史乱军兵锋威胁之下。因乱军势大、无力阻挡，为避免山庄百年来收藏的珍贵兵器为乱军所得，山庄老庄主柳五爷宁愿放弃"北武林第一世家"地位，决定把山庄的珍贵兵器分赠给其他武林势力，让这些兵器能继续被用于平乱事业。在另一游戏剧情中，安禄山死后，四方义士齐聚太原共御敌军。叶琦菲到太原帮父亲处理事务，因见太原平叛大军急需粮饷又曾借款修缮城防，于是捐赠大量金钱，既解决大军粮饷之需，又替其偿还所欠债务。这些剧情都很能体现国难当头、疏财仗义的爱国传统。

《剑侠情缘网络版叁》在茂陵附近的霍去病墓里设置6块霍公碑。霍公碑所载内容与史实一致，充分体现霍去病"匈奴不灭无以家为"的爱国情怀。游戏中6块霍公碑所载内容如下。

（一）霍去病生卒情况

《汉书》载："霍去病，大将军青姊少兒子也。其父霍仲孺先与少兒通，生去病。""去病自四年军后三岁，元狩六年薨。上悼之，发属国玄甲，军陈自长安至茂陵，为冢象祁连山。谥之并武与广地曰景桓侯。"❶《汉书》的记载与游戏中霍公碑之一"生辰·亡佚碑"描述一致："霍去病生于汉建元元年。是霍仲孺的私生子。其母为大将军卫青之姐卫少儿。元狩六年，霍公因病而亡，年仅二十四岁。武帝定谥号'景桓侯'，取'并武与广地'之义，彰显其克敌服远、开阔疆土之功。"

（二）霍去病被封"冠军侯"

《汉书》载："大将军受诏，予壮士，为票姚校尉，与轻勇骑八百直弃大军数百里赴利，斩捕首虏过当。于是上曰：'票姚校尉去病斩首捕虏二千二十八级，得相国、当户，斩单于大父行籍若侯产，捕季父罗姑比，再冠军，以二千五百户

---

❶ 《汉书·卫青霍去病传》。

封去病为冠军侯。'"❶ 这段记载与游戏中霍公碑之二"武功碑·漠南之战"描述一致："率领轻勇骑八百，脱离大军数百里奇袭匈奴，斩敌两千零二十八人。斩杀匈奴单于祖父辈若侯产和继父、俘虏单于相国及叔叔。武帝封霍公'冠军侯'以赞永冠全军。"

（三）霍去病征战陇西

《汉书》载："元狩二年春为票骑将军，将万骑出陇西，有功。上曰：'票骑将军率戎士逾乌盭，讨脩濮，涉狐奴，历五王国，辎重人众摄謺者弗取，几获单于子。转战六日，过焉支山千有余里，合短兵，鏖皋兰下，杀折兰王，斩卢侯王，锐悍者诛，全甲获丑，执浑邪王子及相国、都尉，捷首虏八千九百六十级，收休屠祭天金人，师率减什七，益封去病二千二百户。'"这与游戏中霍公碑之三"武功碑·河西之战役"记载较为一致："元狩二年春，霍公年十九岁，任骠骑将军。率精兵一万征匈奴。驰骋大漠奔袭千里，六天转战匈奴五部落。于皋兰山决战斩杀匈奴卢侯王、折兰王。俘虏匈奴浑邪王子及相国、都尉，斩敌八千九百六十。缴获匈奴休屠祭天金人。加封食邑二千二百户。"

《汉书》载：元狩二年夏，霍去病深入祁连山作战，"捷首虏三万二百，获五王，王母、单于阏氏、王子五十九人，相国、将军、当户、都尉六十三人，师大率减什三，益封去病五千四百户。"这与游戏中霍公碑之三"武功碑·河西之战役"描述较为一致："夏，霍公率兵再次征战河西。率所部孤军深入于祁连山斩敌三万余，俘虏匈奴王爷五人以及匈奴大小阏氏、匈奴王子五十九人、相国将军当户都尉共计六十三人。"

（四）霍去病制止匈奴部族哗变

《汉书》载：元狩二年秋，"浑邪王与休屠王等谋欲降汉，使人先要道边。是时，大行李息将城河上，得浑邪王使，即驰传以闻。上恐其以诈降而袭边，乃令去病将兵往迎之。去病既渡河，与浑邪众相望。浑邪裨王将见汉军而多欲不降者，颇遁去。去病乃驰入，得与浑邪王相见，斩其欲亡者八千人，遂独遗浑邪王乘传先诣行在所，尽将其众渡河，降者数万人，号称十万。"❷ 这段记载与游戏

❶ 《汉书·卫青霍去病传》。
❷ 《汉书·卫青霍去病传》。

中霍公碑之四"武功碑·黄河受降"描述较为一致:"元狩二年秋,匈奴浑邪王和休屠王请降。霍公领命于黄河受降,匈奴部族哗变。仅率数名亲兵直入匈奴营大帐,号令浑邪王,震慑匈奴部族,哗变乃熄。"

(五) 霍去病受封"大司马"

《汉书》载:元狩四年春,"春,上令大将军青、票骑将军去病各五万骑,步兵转者踵军数十万,而敢力战深入之士皆属去病""票骑将军去病率师躬将所获荤允之士,约轻赍,绝大幕,涉获单于章渠,以诛北车耆,转击左大将双,获旗鼓,历度难侯,济弓卢,获屯头王、韩王等三人,将军、相国、当户、都尉八十三人,封狼居胥山,禅于姑衍,登临翰海,执讯获丑七万有四百四十三级。""乃置大司马位,大将军、票骑将军皆为大司马。定令,令票骑将军秩禄与大将军等。"❶ 这段记载与游戏中霍公碑之五"武功碑·封狼居胥"描述较为一致:"此役霍公率部五万骑,北进两千多里深入大漠,歼敌七万余,俘虏匈奴王爷三人,将军、相国、当户、都尉八十三人。随后霍公祭天封礼于狼居胥!祭地禅礼于姑衍山!率兵追击至瀚海而班师。……因功授大司马。"

(六) 对霍去病的总结

《汉书》载:"最票骑将军去病凡六出击匈奴,其四出以将军,斩首虏十一万余级。浑邪王以众降数万,开河西酒泉之地,西方益少胡寇。"❷ 因此游戏中霍公碑之六"武魂碑"描述"霍公纵横河西漠北,马踏匈奴,开疆扩土,战功彪炳千秋。"《汉书》载:"上为治第,令视之,对曰:'匈奴不灭,无以家为也。'由此上益重爱之。"❸ 游戏的"武魂碑"中"匈奴不灭,何以为家?"是对这段史实的反映。最后"武魂碑"以霍去病创作的一首歌《琴歌》作为结尾,是其对自己的评价。

二、敬业

中华民族历来有"敬业乐群""忠于职守"的传统,敬业是中国人民的传统

---

❶ 《汉书·卫青霍去病传》。
❷ 《汉书·卫青霍去病传》。
❸ 《汉书·卫青霍去病传》。

美德。"爱岗敬业"是各行各业职业道德规范的重要内容。历史上狄仁杰受武则天重用。他敢于直言进谏，充分履行人臣职责，为维持朝政立下汗马功劳。《旧唐书》载："天子有诤臣七人，虽无道不失其天下。致庐陵复位，唐祚中兴，诤由狄公，一人以蔽。"❶ 擅长断案是狄仁杰另一个重要特征。《旧唐书》载："仁杰，仪凤中为大理丞，周岁断滞狱一万七千人，无冤诉者。"

《王者荣耀》中的游戏角色狄仁杰与历史上的狄仁杰高度相似。一方面，游戏角色背景故事描述其"赢得了一份世界上最重要的信任——日后君临大唐的女帝武则天的信任"；还为此专门设计了狄仁杰的台词"以陛下的名义"、游戏技能"王朝密令"。另一方面，游戏角色狄仁杰的塑造围绕断案展开——游戏角色称号"断案大师"；游戏角色技能"六令追杀"；游戏角色台词"真相只有一个""代表法律制裁你""全面搜查"；游戏人物背景故事中介绍"狄仁杰生来就在推理方面具有惊人才能""罪犯们，你们已无处可逃"。这些游戏设计在用语上较为夸张，但其精神基本符合史实。

三、友善

不管在中国传统文化中还是西方文化中，友善都是重要美德。孔子指出："己所不欲，勿施于人"。孟子说："与人为善，善莫大焉"。亚里士多德说："善性是难能可贵的，也是高尚和值得称赞的"。当代中国社会主义核心价值观中的"友善"是从个人行为层面提出的公民必须遵守的规范，其表现形式多样，可以是朋友间的情谊，可以是对陌生人的友爱，也可以是医生对患者的仁心仁术等。

《魔兽世界》至高岭地区的"雪鬃撤离"任务体现了朋友间的友善。雪鬃村遭到卓格巴尔的攻击，任务要求玩家帮助村民撤离。在撤离过程中玩家会看到非玩家游戏角色莱德·天鬃说："我是不会丢下我的卡亚独自逃走的"，表现其危机时刻不放弃朋友的品质。《剑灵》游戏任务"帮洪门叛徒无尘的父母收尸"则让玩家对与己无关的陌生人保持友善。任务剧情中，无尘出卖师门导致师父被害、门派被灭，无尘还数次想杀害玩家，但玩家发现无尘的父母被弃尸荒野时，仍以德报怨，为其收尸、安葬。

---

❶ 《旧唐书·列传》。

孙思邈是唐代医学家、中医医德规范制定者，著有《千金要方》和《千金翼方》等，后被尊称为药王。他曾游学四川并在该地炼丹，屡次谢绝唐太宗、唐高宗的委任；后隐居于终南山，写了不少道家炼丹的著作。❶ 孙思邈所著《丹经》及其后的多种炼丹书中均有烧炼硝石、硫黄和木炭这一混合物的记述，并因其易燃而在书中称之为"火药"。❷《剑侠情缘网络版叁》对孙思邈有较全面的展示。一方面，游戏将其设计为万花谷中七圣当中的"医圣"，江湖人称"药王"。对每个前来求学的弟子，他都悉心叮嘱："医之大道，需经年穷研，方望略有所得，而熟知草药习性，乃是医道之根基。所谓医者，当有父母之心，你需用心多加钻研，将来行走江湖大有用处！"。孙思邈言行如一，当村民身受重伤时，他立刻全力以赴施加救治；当玩家要返回稻香村救助村民时，他为玩家配制解毒良方并赠送珍藏多年的药材。另一方面，游戏也通过万花谷"观看孙思邈炼药过程"任务突出孙思邈发明火药的成就。任务剧情中，孙思邈告诉玩家："前几日我炼药之时，无意中将硝石、硫磺、木炭一同放入火中，刹那间雷音作响，震耳欲聋！差点将我的鼎淳炉震得粉碎，威势堪比上古传说中的天雷！"

《剑侠情缘网络版叁》在马嵬驿地域设置了一项接济乞丐的任务。任务要求玩家购买 100 个烧饼送给乞丐，让玩家感受对弱势群体的友善。

《剑侠情缘网络版叁》还在杭州地域设置了一项见义勇为的任务。任务剧情中，藏剑山庄叶炜嗜剑如命，因经脉尽毁、练剑无望而弃剑投湖。霸道山庄柳夕正在附近游玩，见状救下叶炜。

四、勤俭

节俭往往和勤劳紧密联系，是中华民族传统美德。《尚书·大禹谟》提到"克勤于邦，克俭于家"。贾谊《论积贮疏》指出"古之人曰：'一夫不耕，或受之饥；一女不织，或受之寒。'生之有时，而用之亡度，则物力必屈。"勤俭是中国共产党长期坚持的优秀革命传统。抗战时期党中央号召"自己动手，丰衣足食""厉行节约，反对浪费"，开展大生产运动和勤俭节约运动；新中国成立初

---

❶ 邱科平. 世界大百科全书：第三卷 [M]. 北京：光明日报出版社，2003：181.
❷ 石泉长. 中华百科要览 [M]. 沈阳：辽宁人民出版社，1993：935.

期，面对国外反华势力重重封锁，党中央带领全国人民勤劳节俭，共渡难关。

《魔兽世界》至高岭地区与高级制皮技能有关的"过去的敬拜"系列任务让玩家到不同地点去向已过世的制皮大师的灵魂学习各种制皮技艺。其实玩家所获都是些公认的美德。其中就包括勤俭——制皮大师嘱咐玩家切勿浪费，对于零碎皮革，应不辞辛苦将其拼接缝制起来。

五、孝慈

孝慈是中华传统美德之一。孝慈观念随着历代学者的阐述和统治者的推崇而渗透到中华文化各个方面、各个领域。

南北朝时期长篇叙事民歌《木兰辞》讲述了一位名为木兰的女孩女扮男装替父从军的故事，既赞扬其沉着机智、坚忍不拔的个人品质，又称颂其对父亲的孝与对国家的爱。《英雄联盟》为其游戏角色锐雯设计了一款名为"替父从军花木兰"的皮肤。《王者荣耀》设计的游戏角色花木兰也反映出《木兰辞》中花木兰的一些特点：特点之一是女扮男装。《木兰辞》的描述是"阿爷无大儿，木兰无长兄，愿为市鞍马，从此替爷征。""雄兔脚扑朔，雌兔眼迷离；双兔傍地走，安能辨我是雄雌？"游戏角色的相关人物背景故事是"战士的头盔裂开，被她扔到地上。发丝飘散出来。女人！"特点之二是勇敢。《木兰辞》的描述是"万里赴戎机，关山度若飞。朔气传金柝，寒光照铁衣。将军百战死，壮士十年归。"游戏角色的相关人物背景故事是"电光火石之间，剑刃擦过。静如影，疾如风。金属的撞击声中，身影掠过。不动如山，迅烈如火。偷袭者重重跌倒在地。"

六、团结

团结互助是中华民族传统美德。《易传·系辞上》记载"二人同心，其利断金；同心之言，其臭如兰"。《荀子·议兵》提到"弓矢不调，则羿不能以中微；六马不和，则造父不能以致"。闻一多说过"单矢易断，众矢难折"❶。毛泽东指出："要善于团结和自己意见相同的同志，也要善于团结和自己意见不同的同志

---

❶ 闻一多书画选辑（四）——致友人信（1922年—1925年）[J]. 新文学史料，1984（2）：169-186.

一道工作。"❶

多人在线游戏的某些机制往往倾向于促成团队合作❷，传播团结互助的道德文化。这些机制主要包括：某些任务需玩家组队才能完成——比如《魔兽世界》《梦幻西游》《阴阳师》的副本任务与《剑侠情缘网络版叁》的秘境任务；很多游戏设有专门的玩家互助合作机构——比如《阴阳师》的阴阳寮、《魔兽世界》的公会、《剑侠情缘网络版叁》的帮会、《梦幻西游》的帮派；《梦幻西游》中的婚姻系统和《剑侠情缘网络版叁》的师徒系统为玩家设置一对一的互助机制。

七、勇毅

勇毅是包括中国在内的许多国家和地区共同认可的传统美德。《中庸》认为"勇"是"三达德"（智、仁、勇）之一。古希腊将其列为"四主德"（智慧、勇敢、节制、正义）之一。勇毅是一种刚强坚韧、英武勇猛的精神，也是克服困难、战胜险阻所必需的品格。当然勇毅的具体内涵有一定的时代性和阶级性，不同时代和不同社会阶级对勇毅有不同的认识和评价标准。❸

《魔兽世界》破碎群岛地区的苏拉玛起义任务包括 9 个阶段，讲述了苏拉玛底层人民由被压迫到自立再到反抗的过程，是玩家们要经历的主线剧情。随着苏拉玛城的主人夜之子精灵投靠恶魔，苏拉玛城的市民便处于暴政之下。有些市民被杀害，有些市民在监工压迫下被强制劳动。玩家要帮助解救市民，并协助首席奥术师塔莉萨训练军队，联合一切可以联合的力量推翻暴政。在整个起义中，涌现了塔莉萨、瓦尔托伊、欧库勒斯和阿鲁因等英雄人物。尤其是阿鲁因，他为此献出了生命。毫无疑问，参加任何起义都需要勇毅。游戏让玩家冒着随时被敌方巡逻队发现、杀害的危险参加苏拉玛起义，能够很好地帮助玩家体会到勇毅的宝贵。

《剑侠情缘网络版叁》的稻香村地区有座无名大侠之墓。在游戏剧情中，因

❶ 翟泰丰. 党的基本路线知识全书［M］. 沈阳：辽宁人民出版社，1994：474.
❷ 王喆. "为了部落"：多人在线游戏玩家的结盟合作行为研究［J］. 国际新闻界，2018（5）：40-56.
❸ 许亚非. 论传统勇毅及其当代价值［J］. 西南民族大学学报（人文社科版），2004（8）：456-460；方建文，谭国清. 以德治国方略全书［M］. 北京：党建读物出版社，2001：10.

家族内斗，李复之母带着李复逃命，但一路上追兵不断。二人在稻香村外被唐简所救，而唐简为救人坠落山崖。此墓即李复母子为祭奠大侠唐简所建。该游戏还在枫华谷地区游戏剧情中继续表现舍己救人的英勇品质：稻香村被屠村后只有几人幸存，7 岁的莫雨带着穆玄英流落江湖、相依相伴，尝遍人间凄苦。后二人因身怀武功秘籍被众人追杀，在枫华谷紫源山被逼至绝境。危急之时，穆玄英为助莫雨脱困，手持秘籍纵身跳崖。

　　长城是中国古代极为雄伟的防御建筑工程，其修建持续两千多年。其中秦、汉、明三朝的长城都超过一万里。为防御匈奴南侵，春秋战国时期秦、赵、燕三国已开始修筑长城。公元前 214 年秦始皇将秦、赵、燕三国北边的长城予以修缮并连成一体。此后汉、北魏、北齐、北周及隋各朝继续修筑长城。明朝为防御鞑靼、瓦剌侵扰，修筑长城达 18 次。❶ 万里长城的修建反映出中国人民英勇坚毅的品质：这是古代人民在没有任何现代科技的支持下，完全靠人力完成的宏伟工程。因工程极其艰巨且生产力低下，中国人民为修筑长城付出过沉重代价，死伤无数；但为保家卫国，修筑长城的步伐在两千多年里从未停止。《魔兽世界》以其潘达利亚大陆的部分游戏剧情反映古代中国修建长城抵御外来入侵的历史文化。在潘达利亚大陆的魔古帝国和螳螂妖领地之间，魔古帝国修筑宏伟、漫长的城墙，用以抵御北方和西北方的螳螂妖族入侵者。而在历史上，中国从春秋战国时期到明朝都依靠长城抵御北方和西北方的游牧民族入侵。

　　《史记》所载"胯下之辱"的著名典故显示了韩信能忍常人所不能忍的坚毅品质。"淮阴屠中少年有侮信者，曰：'若虽长大，好带刀剑，中情怯耳。'众辱之曰：'信能死，刺我；不能死，出我袴下。'於是信孰视之，俛出袴下，蒲伏。一市人皆笑信，以为怯。"❷《王者荣耀》对游戏角色韩信的设计反映了"胯下之辱"这一历史选段。其人物背景故事介绍提到"当年轻的霸者举起长刀羞辱自己，他选择了从对方的胯下钻过去。"游戏反映的这段史实可令玩家领悟勇毅未必总是体现为一往直前，为实现远大理想而暂时忍让是另一种勇毅。

　　❶ 马建华，张力华. 长城［M］. 敦煌：敦煌文艺出版社，2004：1-2；复旦大学历史地理研究所《中国历史地名辞典》编委会. 中国历史地名辞典［M］. 南昌：江西教育出版社，1988：126.
　　❷《史记·淮阴侯列传》。

第二章

网络游戏中的优秀神话文化

第二章
网络游戏中的优秀神话文化

神话是远古人民表现对自然及文化现象的理解与想象的故事，是人类早期的不自觉的艺术创作。神话的创作与远古人民争取生存、向自然力抗争的活动紧密结合在一起，与远古的生活和历史有密切关系，往往表现了远古人民与自然力的抗争过程和对提高自身能力的渴望。马克思说："任何神话都是用想象和借助想象以征服自然力，支配自然力，把自然力加以形象化。"[1] 在所调研的游戏中，优秀神话文化主要展示如下。

一、女娲的扶危救难

中国神话故事中，女娲的著名神迹之一是"炼石补天"。《淮南子》记载："往古之时，四极废，九州裂，天不兼覆，地不周载，火爁炎而不灭，水浩洋而不息，猛兽食颛民，鸷鸟攫老弱，于是女娲炼五色石以补苍天，断鳌足以立四极。杀黑龙以济冀州，积芦灰以止淫水。苍天补，四极正，淫水涸，冀州平，狡虫死，颛民生。"[2] 在先民面临巨大自然灾难的情况下，女娲以大智慧大勇气，挺身而出，救民于水火。[3]

《王者荣耀》通过游戏角色女娲的背景故事描述了女娲"炼石补天"的结果："水患被平息，飞禽走兽被驯化，粮食繁茂生长，遮风避雨的房屋一座座聚集。"

---

[1] 中国大百科全书总编辑委员会《中国文学》编辑委员会，中国大百科全书出版社编辑部. 中国大百科全书：中国文学Ⅱ [M]. 北京：中国大百科全书出版社，1986：709.

[2] 《淮南子·览冥训》。

[3] 曹明权. 女娲文化研究 [M]. 武汉：湖北人民出版社，2007：11-12.

二、后羿的战天斗地

羿，又称后羿、倚翠。❶ 中国神话故事中，后羿最著名的事迹是射日。《淮南子》记载"逮至尧之时，十日并出，焦禾稼，杀草木，而民无所食。猰貐、凿齿、九婴、大风、封豨、修蛇皆为民害。尧乃使羿诛凿齿于畴华之野，杀九婴于凶水之上，缴大风于青丘之泽，上射十日而下杀猰貐，断修蛇于洞庭，禽封豨于桑林，万民皆喜，置尧以为天子。"❷ "后羿射日"神话讲述远古旱灾之时后羿上射九日、下射猛兽，为民除害的故事，歌颂了战胜灾害的英雄。❸

《王者荣耀》对游戏角色后羿的设计围绕"射日"故事展开。首先，游戏角色背景故事提到后羿是"英勇的神射手""他完成了破坏九座日之塔的壮举"。其次，游戏角色台词"发光的，一个就够了"表明射日结果是只剩下一个太阳。再次，游戏角色技能"惩戒之箭""多重箭矢""落日余晖"多次反映后羿射技。最后，游戏为此角色设计了一款名为"半身之弓"的皮肤，其武器恰是弓箭。游戏对"射日"神话的传播可在一定程度上帮助玩家接触一份宝贵的精神财富：面对大洪水、大旱灾等恐怖的自然灾害，远古先民大多畏惧、屈服；只有中华民族的先祖在自然伟力面前不畏艰险，战天斗地。

三、钟馗的保境安民

钟馗是民间传说中专司捉鬼、斩鬼、吃鬼的鬼王。其原型出自古代大傩仪式中逐疫驱鬼的一种棒形道具——终葵。南北朝时期民间多以终葵、钟馗为名镇邪趋吉。至唐代，钟馗的地位已非常显赫。相传唐玄宗夜梦鬼魅缠身，幸有钟馗前来为他食鬼驱疫，醒后遂命吴道子画其像，并封钟馗为"驱魔大神"。至此全国各地皆奉钟馗为"驱魔大神"。每逢除夕或端午，民间多悬钟馗像于门上，以保家宅平安。❹

---

❶ 乌丙安. 中国民间神谱［M］. 沈阳：辽宁人民出版社，2007：63.
❷ 《淮南子·本经训》。
❸ 蒋锡金. 文史哲学习辞典［M］. 长春：吉林文史出版社，1990：5.
❹ 乌丙安. 中国民间神谱［M］. 沈阳：辽宁人民出版社，2007：91.

《王者荣耀》对游戏角色钟馗的设计集中展现其"鬼王"的地位和功能。游戏角色人物背景故事介绍钟馗"开始巡视它的城市，清扫任何被它判断为魑魅魍魉的生命体"；其游戏台词"这是什么鬼""又是什么鬼""跳梁小鬼""活见鬼了"等均与"鬼"有密切联系；游戏角色技能"制裁仪式""虚空清道者""轮回吞噬"也与"鬼王"职责密切相关。通过这些设计，玩家可以了解钟馗在神话传说中保佑平安的特质。

四、孙悟空的英勇无畏与热爱自由

孙悟空是中国古典文学名著《西游记》塑造出的形象。随着《西游记》和其他衍生作品的流行，孙悟空在东亚和东南亚国家逐渐演化为耳熟能详、尽人皆知的神话人物。这个神话人物以热爱自由、英勇无畏、反抗压迫的鲜明特征而著称。一些网络游戏非常热衷于通过孙悟空形象传播其蕴含的优秀道德品质，它们对孙悟空的呈现主要体现在以下方面。

（一）外形

《西游记》描述："山上有一仙石，石产一卵，见风化一石猴"❶"身穿金甲亮堂堂，……手举金箍棒一根。"❷ 孙悟空的锁子黄金甲来自西海龙王敖闰，如意金箍棒来自东海龙王敖广。《英雄联盟》孙悟空原画及《王者荣耀》游戏角色孙悟空的形象与《西游记》的描述基本一致：龇牙咧嘴、猴子外形、呈战斗状，身穿闪亮盔甲，手握棍状兵器。

《西游记》介绍如意金箍棒是"大禹治水之时，定江海浅深的一个定子"，龙王称其为"天河定底神珍铁"。❸《英雄联盟》将游戏角色孙悟空的一款皮肤名称设为"定海神针"，还将其游戏角色技能定名为"如意金箍"；其孙悟空原画中所持棍棒的外形也基本符合《西游记》描述的特点。

（二）称号

在《西游记》中，孙悟空因成功穿过瀑布发现水帘洞，被花果山猴子尊为

---

❶ 吴承恩. 西游记（上）［M］. 北京：文化艺术出版社，2014：3.
❷ 吴承恩. 西游记（上）［M］. 北京：文化艺术出版社，2014：42.
❸ 吴承恩. 西游记（上）［M］. 北京：文化艺术出版社，2014：29-30.

"美猴王"❶；拜入菩提老祖门下之后，菩提老祖为其取名"孙悟空"，此即"鸿蒙初辟原无姓，打破顽空须悟空"❷。因不满玉帝授予专管御马的弼马温一职，孙悟空返回花果山后自封"齐天大圣"❸，后玉帝也认可这一封号。❹ 历经九九八十一难，唐僧师徒四人西天取经终成正果，孙悟空获"斗战胜佛"果位❺。这样一来，孙悟空就拥有诸多称号。

《英雄联盟》将游戏角色孙悟空的两款游戏皮肤分别命名为"美猴王"和"斗战圣佛"。《王者荣耀》也将游戏角色孙悟空的两款游戏皮肤分别命名为"美猴王"和"齐天大圣"；其游戏角色背景故事多次提到孙悟空是"齐天大圣"；还将其游戏技能命名为"大圣神威"。

(三) 技能

《西游记》中，菩提祖师说："凡诸仙腾云，皆跌足而起，你却不是这般。我才见你去，连扯方才跳上。我今只就你个势，传你个'筋斗云'罢。"❻ 之后孙悟空便学会了腾云驾雾的本领。此外，孙悟空因"吃了蟠桃，饮了御酒，又盗了仙丹，运用三昧火，锻成一块，所以浑做金刚之躯。"❼ 这些细节在《英雄联盟》中均有体现，比如孙悟空的一款游戏皮肤名为"三昧真火"，一项游戏技能名为"腾云突击"；孙悟空的台词"一个跟头十万八千里""七十二变""火眼金睛""三昧真火"均与《西游记》记载的孙悟空相关技能一致。

(四) 口头禅

这些网络游戏传播孙悟空形象时，并不局限于《西游记》原著，也传播其衍生作品的相关文化内容。《英雄联盟》为游戏角色孙悟空设计了很多台词，比如"有妖气""吃俺老孙一棒""咄！妖怪哪里跑""待俺问问土地老儿""俺一个跟头能翻十万八千里""领教下俺老孙的本事吧"；《王者荣耀》也有类似台词，比如"有妖气""吃俺老孙一棒""一个跟头能翻十万八千里"。这些台词其

---

❶ 吴承恩. 西游记（上）[M]. 北京：文化艺术出版社，2014：5.
❷ 吴承恩. 西游记（上）[M]. 北京：文化艺术出版社，2014：13.
❸ 吴承恩. 西游记（上）[M]. 北京：文化艺术出版社，2014：41.
❹ 吴承恩. 西游记（上）[M]. 北京：文化艺术出版社，2014：47.
❺ 吴承恩. 西游记（上）[M]. 北京：文化艺术出版社，2014：1185.
❻ 吴承恩. 西游记（上）[M]. 北京：文化艺术出版社，2014：19.
❼ 吴承恩. 西游记（上）[M]. 北京：文化艺术出版社，2014：69.

实都是《西游记》影视剧中孙悟空的经典口头禅。

通过多角度、全方位的展现，这些网络游戏实现了对各种文艺作品中孙悟空形象的形象且深刻的传播。

五、北欧神话中勇士的视死如归

北欧神话是近年来欧美许多文艺作品的热门改编蓝本。在北欧神话中，众神之王奥丁的宫殿是英灵殿（音译瓦尔哈拉），同时也是英烈祠、战死的英雄的灵魂归宿。❶ 奥丁派人将战死的人类烈士的灵魂带到英灵殿，复活他们并训练他们的武技。他将这些复活勇士扩编到神界的军队中，为诸神的黄昏做准备。这些从人间召集的英灵战士被称为恩赫里亚。❷ 众神之王奥丁和战神提尔的贴身女保镖被统称为瓦尔基里雅，又被称为女武神。每当人间交战，奥丁就会差遣她们去战场挑选勇士的亡魂，将亡魂束缚在飞马上，再经彩虹桥碧芙斯特带入英灵殿。❸ 正因如此，北欧神话中所有的勇士都从不畏战，并视死如归，以期英勇战死后能进入英灵殿与神同在。

《魔兽世界》在风暴峡湾的天空中设置了一个悬浮着的、宏伟壮观的英灵殿，其主人也是奥丁。游戏将奥丁的侍者命名为"瓦格里"。她们由部分维库女性转化而来，负责引导战死沙场的勇士之魂前往英灵殿，其实对应了北欧神话的瓦尔基里雅。游戏将由尘世阵亡的强大维库勇士组成、用以对抗诸神的黄昏的英灵殿战士命名为"瓦拉加尔"，对应了北欧神话的恩赫里亚。不论生活习俗、历史还是对奥丁的信仰，游戏中的维库人都与现实世界的维京人十分相似。游戏中的奥丁宠爱维库人，与北欧神话中的奥丁非常偏爱维京人一样。《魔兽世界》不仅向玩家尤其是对北欧神话相当生疏的中国玩家再现了奥丁、女武神及其统帅的战士们的丰功伟绩，也顺带传颂了神话中视死如归的尚武精神。

❶　宋晓梅. 维京人原始宗教信仰初探［J］. 青海师范大学学报（哲学社会科学版），2014（5）：61-64；王云龙. 维京神话叙事特质的历史学解析［J］. 贵州社会科学，2011（7）：118-124.
❷　何鹏. 北欧神话［M］. 西安：陕西人民出版社，2016：16.
❸　何鹏. 北欧神话［M］. 西安：陕西人民出版社，2016：17.

六、古希腊神话中普塞克的勇敢与对爱情的忠贞

古希腊神话中，冥王哈迪斯是冥界之主和瘟疫的掌管者。他的三头猎犬名为萨贝拉斯（Cerberus），日夜蹲守地狱大门。因此很少有人进入地狱后还能重返阳间。❶ 在小爱神厄洛斯和普塞克公主的爱情与婚姻中，两人因故分离。为回到厄洛斯身边，普塞克接受厄洛斯的母亲美神阿芙洛狄忒的三个考验。考验之一是向冥后讨要美貌。在去冥界的过程中，普塞克使用两个饼骗过三头犬，成功进入冥界并实现目的。❷《魔兽世界》中守卫冥狱深渊入口的高姆原型就是古希腊神话中的三头犬萨贝拉斯，而在"海草伪装"任务中让游戏玩家利用海草骗过高姆逃离地狱，其实是对普塞克利用两个饼骗过三头犬情节的再现。游戏对普塞克勇敢品质的再现是直接的；对其忠贞品质的再现则是间接的，通常只有比较熟悉古希腊神话的玩家才会领会到这一点。

---

❶ 陈克鑫.《希腊神话》中冥王哈迪斯形象的艺术魅力［J］. 名作欣赏, 2011（18）：65-66, 77.

❷ 冉奕文. 希腊神话故事［M］. 长春：北方妇女儿童出版社, 2008：40-43.

第三章

网络游戏中的优秀艺术文化

第三章
网络游戏中的优秀艺术文化

艺术文化是人们艺术活动的方式和艺术产品的总和，是社会文化总结构中的一个局部层次。❶ 按照艺术表现手段和方式的不同，艺术文化可分为：语言艺术文化、表演艺术文化、造型艺术文化和综合艺术文化。❷ 在所调研的游戏中，优秀艺术文化主要表现如下。

一、热爱祖国大好河山

《剑侠情缘网络版叁》万花谷的"丹青之试"任务要求玩家观看仙迹岩林白轩收藏的画。游戏中这些画多为展现祖国大好河山的古代名作，包括：

第一，展子虔《游春图》。《游春图》是隋代画家展子虔的存世名作，也是中国山水画的开山之作，现藏于北京故宫博物院。该画以春游为主题，重现了一派春天光景，展现中国的美丽河山和贵族悠闲舒适的生活。画面近处，一条倚山俯水的斜径蜿蜒消失于幽静的山谷。路随山转之处，便见一位妇人立在竹篱门前。由此向上，山隈岸侧，绿树掩映，通过小桥，又是平坡。波光粼粼的湖面上，一只游春的画舫正缓缓漂荡，船上隐隐有数位高贵佳丽。画面下半部分，花树围绕村庄，桃红柳绿，相映成趣。远处水天一色，莫辨深浅；山峦深处，躲藏着几处佛寺，更让人感觉幽静无比。❸ 其艺术表现手法具有早期中国山水画特色。在构图上以山水为主体、人物为点景，用纯山水画手法处理画面。图中各种物象的大小比例、远近关系，前后层次和空间关系等都处理得较为妥帖，与自然

---

❶ 覃光广，冯利，陈朴. 文化学辞典［M］. 北京：中央民族学院出版社，1988：57.

❷ 许征帆. 马克思主义辞典［M］. 长春：吉林大学出版社，1987：114.

❸ 张健. 国宝探秘36讲［M］. 南京：东南大学出版社，2012：134.

形态相去不远，并给人以"咫尺千里"之感。❶

第二，李思训《京畿瑞雪图》。长安雪景壮美多姿、气象万千。很多诗词都与长安雪景有关，比如杜牧《长安雪后》、贾岛《冬月长安雨中见终南雪》、白居易《春雪》、祖咏《终南望余雪》等。李思训《京畿瑞雪图》更加直观、形象地描绘了长安的瑰丽雪景。画面主体为楼阁雪景，勾勒成山，用大青绿敷色，画法古拙。其上崇山峻岭，峰峦叠嶂，松柏挺拔，落满雪花，更增加了山的高峻和秀美。山腰间亭台楼阁随处可见，树木葱绿，点缀其间，积雪皑皑。前景山下有一条河流，画桥游舫，亭廊舫榭，木质牌坊，雕梁画栋，令人目不暇接。河岸上有一处高大建筑，琼楼玉宇，飞阁耸翠，锦檐绣甍，二层高台之上楼阁殿宇，翘脊高啄，钩心斗角。画面上建筑富丽堂皇，或是别院行宫，或是山中别墅，重檐歇山顶、十字脊顶、琉璃瓦、格子门。屋檐上的覆雪洁白无瑕，宛若烟云漂浮。图中所绘人物众多，有打伞步行者，有坐轿者，有乘船者，有骑马者；或宴乐雅集，或品茗叙谈，或旅游观光，或走亲串友。《京畿瑞雪图》现藏于北京故宫博物院，无款识，右裱边有明代著名鉴藏家项元汴之孙、明末清初书画家项圣谟题识："唐云麾将军李思训画《京畿瑞雪图》，宋宣和御府藏物也，定为神品第一。古胥山樵项圣谟获于梅花和尚塔前，得秘玩焉，百金亦勿与易。"李思训，字健，成纪（今甘肃天水）人，为唐朝宗室。《旧唐书》记载曾官至"云麾大将军"。他是唐代杰出画家，善画山水、楼阁、佛道、花木、鸟兽。❷

第三，张择端《清明上河图》。《清明上河图》是长卷、绢本、淡设色，现藏于北京故宫博物院。它以全景式的构图、细腻的笔法，真实地记录了宋徽宗宣和年间汴梁繁华热闹的景象，展示了汴河沿岸以及东角门里市区清明时节的风光。❸ 汴河由黄河受水，从西向东横贯汴京城南部，流入淮泗，是当时南北交通孔道，为北宋王朝国家漕运枢纽。《清明上河图》的中段描绘汴河。画中巨大的漕船或停泊于码头，或往来于河心，形成一片繁忙景象。汴河上有一座规模宏敞

❶ 中国大百科全书总编辑委员会《文物·博物馆》编辑委员会，中国大百科全书出版社编辑部. 中国大百科全书：文物·博物馆［M］. 北京：中国大百科全书出版社，1992：719.

❷ 郑学富.《京畿瑞雪图》里的长安雪景［N］. 中国文化报，2019-12-22（04）.

❸ 张健. 国宝探秘36讲［M］. 南京：东南大学出版社，2012：151.

的横跨拱桥，其桥无柱，以巨木虚架而成，结构精巧，形制优美，宛如飞虹。桥的两端紧连街市，车马行人南来北往。一艘巨大的漕船正在放倒桅杆，准备过桥。船夫们呼唤叫喊，紧张操作，引来看热闹的人群，成为全画的一个高潮。❶美国 Firaxis Games 公司研发的广义网络游戏《文明 5》将张择端《清明上河图》作为玩家文化进步的一个奖励。但因该图过长，游戏中的《清明上河图》只展现作为该图精髓的中段。游戏玩家如果没观赏过故宫博物院所藏《清明上河图》，也可在游戏中对北宋首都的运河风光与市井繁华稍微领略一二。

二、热爱和平、心系国运

《剑侠情缘网络版叁》通过阅读系统传播经典诗词——比如李白《子夜吴歌·秋歌》。此诗借秋风传递对边关将士的深情。"长安一片月""捣衣声"非常简练地概括了后方人民安宁和乐的生活，这一切都是边关将士保家卫国换来的，最后一句表达作者对边关将士的爱惜之情。虽是怀远之作，但无凄苦之色；淡淡伤愁中，占主导地位的还是对国家祥和、边关宁静的祈盼。❷

剧情动画也是《剑侠情缘网络版叁》传播经典文学作品的途径之一。比如杜甫《忆昔》忆及唐玄宗、唐肃宗、唐代宗三朝前后 50 年治乱兴衰，忆古讽今，意在激励代宗励精图治，重振朝纲，表现杜甫关心国运的热情。❸《忆昔》中"忆昔开元全盛日，小邑犹藏万家室。稻米流脂粟米白，公私仓廪俱丰实。九州道路无豺虎，远行不劳吉日出。齐纨鲁缟车班班，男耕女桑不相失。"通过回忆开元时期的富足兴盛❹，也体现出对和平环境的向往。

《王者荣耀》为游戏角色花木兰设计了一句经典台词"谁说女子不如男"。该台词源自豫剧代表性唱段之一——新编古装剧《花木兰》中的唱段《谁说女子不如男》。❺豫剧《花木兰》创作于抗美援朝期间，是豫剧大师常香玉的经典

❶　中国大百科全书总编辑委员会《美术》编辑委员会，中国大百科全书出版社编辑部. 中国大百科全书：美术Ⅱ［M］. 北京：中国大百科全书出版社，1998：658.

❷　冯志远，张立华. 唐诗鉴赏［M］. 沈阳：辽海出版社，2009：5；杨乃乔. 千家诗新编［M］. 北京：中央编译出版社，2001：104.

❸　周勋初. 唐诗大辞典［M］. 南京：凤凰出版社，2003：611.

❹　韩震. 社会主义核心价值观·关键词：富强［M］. 北京：中国人民大学出版社，2015：3.

❺　舒立言. 谁说女子不如男——豫剧《花木兰》唱词赏析［J］. 上海戏剧，2005（10）：43.

剧目之一，也是常香玉为抗美援朝义演最多的曲目。《谁说女子不如男》选段讲述木兰代父从军，女扮男装奋力拼杀，并以其英勇精神反驳刘大哥的"女子不如儿郎"的话语。通过花木兰这一特殊角色，常香玉运用高超唱腔手段，表达了强烈的爱国精神和大无畏的献身精神，与当时的抗美援朝完美切合。❶ 游戏中一小段简短的台词设计，即可引起部分玩家的回忆，再次感受到花木兰因热爱和平而关心祖国前途命运，主动抵御侵略❷的情怀。

三、追求美好爱情

《剑侠情缘网络版叁》传播的经典诗词还包括《关雎》选段"关关雎鸠，在河之洲。窈窕淑女，君子好逑"。《关雎》出自《诗经·国风·周南》，是《国风》首篇，也是《诗经》开卷之作，描写一个青年男子对所喜欢的女子的不懈追求和爱情幻想。首章四句，以雌雄鸠鸟和鸣求偶连类起兴，写青年男子对窈窕淑女一见倾心，被她的娴静漂亮所打动，想和她结成配偶。❸

《剑侠情缘网络版叁》万花谷的"丹青之试"任务要求玩家观看仙迹岩林白轩收藏的画，其中一幅是顾恺之的《洛神赋图》。《洛神赋图》展现了曹植与洛神相恋的故事，现有四种宋人摹本，北京故宫博物院藏两种，辽宁省博物馆藏一种，另一种现藏于美国弗利尔美术馆。❹《洛神赋图》是东晋顾恺之根据三国时期曹植名篇《洛神赋》所载曹植与洛神相恋的故事所作的图卷。全卷分三个部分，通过连续性情节的构图和富于想象力的表现技巧，生动表现了浪漫主义思想。❺ 第一卷展现在暮色苍茫中，曹植与侍从们站立在洛水之滨。他苦恋着的美丽的洛水女神渐渐出现在平静的水面。洛神模糊的身影昭示出一种可望而不可及的无限惆怅。第二卷画面中，曹植依然站在岸边，表情凝滞地望着远方水波上的洛神。整个画卷充斥着洛神与曹植的难舍难分。无奈的洛神最终驾着六龙云车渐

---

❶ 李紫娟. 论豫剧《花木兰》的艺术特色 [J]. 小说评论，2012 (S2)：209-210.

❷《木兰辞》中涉及的战争，属于抵御北方游牧民族入侵的系列战争中的组成部分。见李雄飞.《木兰辞》是十六国时期陕北地区的民间叙事诗 [J]. 西北民族学院学报（哲学社会科学版·汉文），1999 (1)：41-50.

❸ 梅云霞. 文选 [M]. 南京：南京师范大学出版社，2010：36.

❹ 李峰. 文学艺术鉴赏辞典 [M]. 西安：陕西人民教育出版社，1991：555.

❺ 刘国生. 中国绘画收藏与鉴赏全书（上卷）[M]. 天津：天津古籍出版社，2005：185.

渐远去，形成画卷的最高潮。第三卷画面中，曹植回到岸上，坐于洛水之畔长久思念，最后依依不舍地离去。这是画中最为感人的一段描绘。❶ 遗憾的是，《剑侠情缘网络版叁》只展示了《洛神赋图》第一卷，未将该图卷的高潮部分和最感人部分展现出来。玩家通过此卷，也能领略一下对美好爱情的追求。

《大航海时代 Online》伦敦探险家工会发布的任务"为爱而死"讲述了特里斯丹和绮瑟之间的爱情悲剧故事。该故事与根据欧洲中世纪民间传说改编的小说《特里斯丹和绮瑟》中的爱情悲剧极为相似：首先，故事主人公都包括国王、特里斯丹和绮瑟。其次，人物关系相似。国王和绮瑟是夫妻，绮瑟和特里斯丹是情人。再次，绮瑟嫁给国王后仍和特里斯丹保持情侣关系。最后，特里斯丹和绮瑟的结局相同：从特里斯丹坟墓上长出常春藤（小说里是金雀花）伸进绮瑟的坟墓，死后终于结合在一起。❷ 在中世纪，特里斯丹和绮瑟的故事是西欧诗歌中流传最广和最受人喜爱的作品。经文学加工后，它最初以叙事诗形式出现于 12 世纪的法国，不久就出现一系列以欧洲其他国家文字改编的模拟作品。在三个世纪中，整个欧洲都被这部描写生死相依的热烈而悲剧性的爱情著作迷住了。特里斯丹和绮瑟的名字成了真诚相爱的男女的同义词。小说里的个别场面屡屡作为壁画出现在大厅的墙上，出现在地毯、各种雕花匣子和锦杯上。❸ 对于不太熟悉欧洲文学的中国玩家而言，游戏的这个设计可让人初步接触欧洲爱情故事，了解到西方文化中也存在跟梁祝一样生死不渝的爱情。

四、不断进取、勇于创新

变脸是川剧中用极快速度更换面具来刻画戏中角色的特技。这是由有"戏圣"之称的康子林先生综合前辈艺人经验创造出来的。最初的"变脸"是将火一撒，利用火焰烟雾腾腾的刹那将面具撕下，后改用扇子一遮将面具撕下。现在已不用任何道具，只一转脸或一翻身即当场"变脸"。"变脸"真正的价值在于

❶ 杨莉莉. 中国历代绘画故事［M］. 石家庄：河北人民出版社，2016：16-17.
❷ 叶齐华. 纯洁、坚贞的生死恋——《特里斯丹和绮瑟》和《梁山伯与祝英台》爱情描写特点比较［J］. 中南民族学院学报（哲学社会科学版），1994（2）：129-132；贝迪耶. 特里斯丹和绮瑟殉情记［M］. 陈双璧，译. 北京：广播出版社，1982：1-151.
❸ 贝迪耶. 特里斯丹和绮瑟殉情记［M］. 陈双璧，译. 北京：广播出版社，1982：1.

作为刻画戏中角色的艺术手段，它体现了人民对剧中角色的爱憎情感或评价态度，能在观众中产生惊人的审美效应。例如，川剧《白蛇传》中，水漫金山寺后，青儿护着白娘子在断桥上遇见许仙，恨其负心，倏地转身，原来俊扮的白脸立即变成一张怒火腾腾的红脸，片刻之后变为绿脸，再一转身绿脸又变为黑脸，谓之"三变脸"，以示青蛇的心情状态。"变脸"是川剧刻画人物性格和人物感情骤变时的一种特殊手法。每逢剧情发展到语言不能充分表达、动作不能充分说明时，川剧就采取"变脸"来表现。❶

当前川剧"变脸"表演者通常造型为：头戴专用帽子，身着披风，手持折扇。《王者荣耀》对游戏角色梦奇设计了一款名为"胖达荣荣"的游戏皮肤，以熊猫为主体，其服饰整体上体现了川剧"变脸"者经典造型——加入川剧中的帽子和披风以及折纸扇元素，使其充满了中国戏剧风格，亦可令玩家逐渐了解到中国戏剧艺术的不断进取和勇于创新。

五、其他优秀艺术文化

作为目前最热门的国风游戏，《剑侠情缘网络版叁》以多种形式传播了许多其他优秀艺术文化：

第一，通过在游戏阅读系统设置的诗词《归鸟》表明东晋陶渊明的高洁。该诗以鸟喻己，通过对归鸟的歌颂来表达自己的归隐之念，同时也展现其孤高脱俗的情趣与芳洁而自由的心志。❷

第二，通过游戏任务中的《丧乱帖》表达王羲之对亲人的缅怀。万花谷的"以字观人"任务要求玩家观看《丧乱帖》等书法作品。《丧乱帖》原帖是中国东晋时期王羲之的书法作品，传世作品为摹本，现藏于日本皇室。它是王羲之再次听到其先人墓葬遭破坏，未能回去祭扫，并回忆起墓葬首次遭难的惨烈情景而写的一封极度悲伤的信札。摹本摹工精良，字形内敛而笔意恣纵。❸

第三，通过游戏人物对话中出现的《诗经·小雅·鹿鸣》相关内容传递朋

❶ 黄殿祺. 中国戏曲脸谱 [M]. 北京：北京工艺美术出版社，2001：112-113.
❷ 孟二冬. 陶渊明诗选注 [M]. 长春：吉林文史出版社，2002：22.
❸ 王伯恭. 中国百科大辞典（6）[M]. 北京：中国大百科全书出版社，1999：4586.

友间的惺惺相惜之情。万花谷的非玩家游戏角色宇晴与玩家的对话就出现了《诗经·小雅·鹿鸣》中的内容："呦呦鹿鸣，食野之苹。我有嘉宾，鼓瑟吹笙。蓬莱岛的方鹤影叔叔从东海远来万花谷，似乎是为解开爹爹和碧玲阿姨的误会。"《鹿鸣》是社交场合的常用乐章，主要描写宾主融洽，相敬以礼，相爱以德，相享以乐，相慰以酒，是可增友谊而敦风俗的。❶

第四，通过特殊的非玩家游戏角色的说书艺术传播忠勇、信义、公正、贞洁之类的各种优秀文化。游戏中表演此项艺术的有位于蔷薇列岛日月汀的说书人萧采、位于蔷薇列岛思存居的方子游、位于凌雪阁明山馆的单田园等。玩家可以通过游戏中的说书人查看部分游戏剧情动画。因听众多喜有关冲突与爱情题材的故事，所以较常见的长篇说书底本主要包括《三国》《东周列国志》《水浒》《三侠五义》《聊斋》《西游记》等；说书人还依据历史故事和民间传说创造出许多英雄豪侠故事与神怪、爱情故事。可见说书主要以史实、传说与神话为依托，传播忠勇、信义、公正、贞洁之类的传统文化。说书是中国古老的民间艺术，对小说产生多方面影响。它使中国古典小说形成简练的、以情节取胜的、有头有尾的故事，形成曲折又连贯的艺术风格，为白话小说的发展奠定了基础。❷ 让玩家找说书人了解一段故事，也是一种传承优秀传统文化的巧妙方法。

此外，《王者荣耀》通过游戏角色李白传达其诗作。《新唐书》记载"往见贺知章，知章见其文，叹曰：'子，谪仙人也！'言于玄宗，召见金銮殿，论当世事，奏颂一篇。帝赐食，亲为调羹，有诏供奉翰林。""文宗时，诏以白歌诗、裴旻剑舞、张旭草书为'三绝'。"❸《王者荣耀》对游戏角色李白设计的游戏技能名称、游戏角色台词多次出现李白《侠客行》和《将进酒》的诗名与诗句。《侠客行》抒发了对侠客的倾慕之情，对行侠仗义生活的向往，形象地表现了作者的豪情壮志。正因向往侠义，李白喜剑术。《新唐书》记载李白"喜纵横术，击剑，为任侠，轻财重施。"❹ 游戏角色设计充分体现了李白"喜剑"的特点。其中角色背景故事多次提到李白乃"剑仙"；游戏角色有一款名为"青莲剑仙"

---

❶ 吴小如，王富仁. 先秦文学名作欣赏［M］. 北京：北京大学出版社，2017：6.
❷ 郑云波. 中国古代小说辞典［M］. 南京：南京大学出版社，1992：761.
❸《新唐书·列传》。
❹《新唐书·列传》。

的游戏皮肤；游戏角色技能之一为"青莲剑歌"。《将进酒》以浪漫主义形式表达积极乐观的人生态度。李白是继屈原之后中国最伟大的浪漫主义诗人。❶ 浪漫主义是文学的基本创作方法之一。它侧重于表现对理想世界的追求，一般不对现实作如实、精确的描绘，常用热情奔放的语言、奇特瑰丽的想象和极度夸张的手法来塑造形象。❷ 游戏的上述设计较好地表现了诗人追求正义的优秀品质和积极乐观的人生态度。

---

❶ 邓敏文. 李白与长江流域的浪漫诗风 [J]. 中南民族学院学报（人文社会科学版），2000（1）：93-97.

❷ 李峰. 文学艺术鉴赏辞典 [M]. 西安：陕西人民教育出版社，1991：36.

第四章

网络游戏中的优秀政治文化

第四章
网络游戏中的优秀政治文化

关于政治文化的定义，目前学界未形成统一认识，主要观点有：第一，从政治心理角度理解政治文化，比如阿尔蒙德和维巴认为政治文化包含认知、情感和评价三个基本要素。❶ 这种理解奠定了政治文化研究的框架，是欧美主流观点。杰克·普拉诺也认可这种解释。❷ 国内学者张明澍❸、潘小娟❹等均持此种观点。第二，从政治思想角度来界定政治文化。其中，徐大同和高建❺、郑维东和李晓男❻、孙关宏和胡雨春❼等均认为意识形态属于政治文化范畴。第三，从民族性角度定义政治文化。❽ 第四，从政治符号角度界定政治文化。比如底特默认为政治文化是一个由多种政治符号构成的系统。❾ 第五，从学科角度理解政治文化内涵。

针对政治文化内涵的丰富性和定义的多样性，本书借鉴了第五类观点，认为政治文化包括政治心理、政治思想和政治制度❿。借鉴这类观点的理由在于：这

---

❶ 加布里埃尔·A.阿尔蒙德，西德尼·维巴. 公民文化——五国的政治态度和民主 [M]. 马殿君，等译. 杭州：浙江人民出版社，1989：24.

❷ 杰克·普拉诺，等. 政治学分析词典 [M]. 胡杰，译. 北京：中国社会科学出版社，1986：111.

❸ 张明澍. 中国"政治人"——中国公民政治素质调查报告 [R]. 北京：中国社会科学出版社，1994：10-11.

❹ 潘小娟，张辰龙. 当代西方政治学新词典 [M]. 长春：吉林人民出版社，2001：431.

❺ 徐大同，高建. 中西传统政治文化比较研究 [M]. 天津：天津教育出版社，1997：8-9.

❻ 郑维东，李晓男. 政治文化的两种维度：政治心理与意识形态 [J]. 中国青年政治学院学报，2004（1）：50-53.

❼ 孙关宏，胡雨春. 政治学 [M]. 上海：复旦大学出版社，2006：240.

❽ R H FITZGIBBON, J A FERNANDO. Latin America：Political Culture and Development [M]. Englewood Cliffs：N. J. Prentice-Hall, 1981：19.

❾ LOWELL DITTMER. Poiltical Culture and Political Symbolism：Toward a Theoretical Synthesis [J]. World Politics, 1977（29）：566.

❿ 朱日耀. 中国传统政治文化的结构及其特点 [J]. 政治学研究，1987（6）：43-48；王乐理. 政治文化导论 [M]. 北京：中国人民大学出版社，2000：23.

类观点是中国学术界主流观点❶，是政治文化研究本土化的体现，最适于分析中国具体问题；且其包含的政治文化内容较广泛，可涵盖网络游戏中出现的所有政治文化现象。对政治文化的具体内容而言，政治思想是其精华所在——政治思想是政治心理的升华；而政治制度是政治思想作用于整个社会的桥梁，它与占统治地位的政治思想往往一致。❷因此本书涉及的优秀政治文化主要是政治思想层面的文化。政治思想主要包括对政治事实的描述、解释政治现象的含义和作出因果分析、对政治价值作出判断和选择这三个要素。前两者回答"是什么"和"为什么"的问题，后者回答"应怎样"的问题。❸以下各例基本上都包含着对这三个要素的阐述。

一、通过评价不同群体间权力分配原则体现的优秀文化

很长一段历史时期内，各国权力分配倾向于特权阶层，其重要依据之一便是血统论。一方面，这种权力分配机制给特权阶层带来巨大利益。这慢慢造就了一些大家族或大部落，他们为家族利益或部落利益不惜损害国家利益，形成狭隘的家族观念或部族观念。另一方面，这种权力分配机制下特权阶层可肆无忌惮地压迫和剥削底层民众。为在这种分配机制中获得一点点利益，底层民众进行过无数次抗争。在漫长的奴隶社会和封建社会，农民起义此起彼伏。因此，反对特权阶层、抵制血统论、揭露家族或部族观念的狭隘性和对农民起义原因进行客观分析，无疑都是符合当代中国社会进步方向和人民利益的优秀政治文化。

（一）抵制封建特权思想和血统论

血统论是一种讲究出身、推崇祖先功勋，以自己是显贵后裔为荣的价值观。在奴隶制和封建制时代，一个人，乃至一个家族的政治、社会和经济地位主要由祖先和长辈的地位决定；当时世界各国都有注重血统的价值取向。❶启蒙运动后，西方开始抵制封建特权思想和血统论，主张人的智力、体力天生平等或稍有

---

❶ 佟德治. 政治文化的层次结构与要素分析 [J]. 晋阳学刊，2012（3）：28-34.
❷ 朱日耀. 中国传统政治文化的结构及其特点 [J]. 政治学研究，1987（6）：43-48.
❸ 徐大同. 西方政治思想史辞典 [M]. 天津：天津人民出版社，1997：410.
❶ 王定国. 中古西欧社会价值观的探究 [J]. 思想战线，2015（S1）：188-191.

差别，通过后天的教育人人都可成为德行高尚之人。❶ 在中国，抵制血统论的观念几乎与封建社会的诞生同步，比如秦末农民起义军提出的口号"王侯将相，宁有种乎"。

官员贵族世袭制是血统论的典型表现。《魔兽世界》中德拉诺地区燃刃氏族中兰特瑞索的遭遇就体现了血统论的危害与对血统论的批判。当血统高贵的阿祖卡·刃怒凭借顺位继承权继任燃刃氏族督军之位时，他说"有意愿的氏族成员尽可以来挑战我。而你，兰特瑞索·火刃，你无权加入这场挑战。你只是一个杂种，一个流亡者。你不配作为火刃兽人。滚吧，永远不要回来。"武技无双但缺乏高贵血统的兰特瑞索·火刃对血统论的回应是：将他一直视为最高荣誉的氏族旗帜扔在地上并声称"你错了。是燃刃氏族不配得到我的忠诚。"游戏剧情可让玩家近距离跟随兰特瑞索·火刃，亲身体会血统论的丑陋嘴脸，进而成为抵制血统论的新成员。

（二）批判封建特权阶层

封建贵族在政治、经济等领域享有诸多特权，其奢靡生活建立在对群众的残酷剥削之上。与封建贵族相比，人民群众往往穷困潦倒。《魔兽世界》西部荒野地区的"盛宴还是饥荒"任务通过反映这种强烈对比激发玩家对贵族的愤慨——在暴风城的专制统治之下，西部荒野地区百姓食不果腹，只能把泥土和狗尾做成泥馅饼来充饥；与此同时，暴风城权贵仍然生活富足、衣食无忧。

除了压迫群众，封建特权阶层内经常争权夺利、互相倾轧。《魔兽世界》的部分任务剧情就通过揭露封建特权阶层的阴暗面来批判这一阶层。比如《魔兽世界》破碎群岛的苏拉玛地区"露骨的威胁"任务就体现出封建特权阶层不择手段地争权夺利：在苏拉玛城竞选大魔导师顾问职位过程中，科恩·斯特拉瑞斯以绑架选民近亲属威胁其支持自己。任务要求玩家拯救艾伦·阿斯塔瓦。艾伦是阿洛拉的儿子，他的儿子之所以被绑架是因为他拒绝投票支持科恩·斯特拉瑞斯。再如《魔兽世界》达拉然下水道区域"黑暗的秘密和不可告人的交易"任务显示：军情七处的个别干部雇凶谋杀本部门密探安玻·吉尔尼，从而向玩家展示封

---

❶　李水海. 世界伦理道德辞典［M］. 西安：陕西人民出版社，1990：657.

建特权阶层内部是如何互相倾轧的。

（三）揭露欧洲封建社会家族观念或部族观念的狭隘性

集体观念是由小到大扩张的，从家庭、家族、宗族、部族逐渐发展到民族、国家乃至全人类。对家庭、家族、宗族、部族之类较小的集体概念的认同与奉献曾在原始社会、奴隶社会以及封建社会早期发挥过积极作用。但从封建社会中后期开始，随着民族、国家这类更大范围的集体观念的形成与壮大，对家庭、家族、宗族、部族的认同度过分高于对民族、国家的认同度的思维方式，以及将家庭、家族、宗族、部族的利益置于其他一切利益之上的思维习惯，反而成为阻碍国家统一、民族团结的桎梏。❶ 当历史发展到一定阶段后，为促进民族主义、爱国主义发展，批判狭隘的家庭观念、家族观念、宗族观念、部族观念，抑制其过分封闭的因素，无疑是有利于社会进步的。

《魔兽世界》通过国王和贵族的斗争批判欧洲中世纪狭隘家族观念：在兽人、奥特兰克王国和洛丹伦王国的斗争中，归属于奥特兰克王国的巴罗夫家族背叛自己的祖国站在洛丹伦王国一边。战争结束后洛丹伦国王泰瑞纳斯·米奈希尔却剥夺了巴罗夫家族的领地与统治权。最后巴罗夫家族基于复仇心态投靠邪恶阵营亡灵天灾。这些剧情在游戏任务中均有体现。另外《魔兽世界》某些任务中出现的效忠仪式体现了狭隘的部族观念。比如《魔兽世界》至高岭酋长大厅区域的"意外之盟"任务要求玩家见证黯石部族仪式。这是天角部族酋长拉善·天角和黯石卓格巴尔部族领袖纳瓦罗格宣誓效忠高领部族、与高领部族结盟的仪式。该仪式的具体过程与欧洲封建社会的效忠仪式极为相似——先由封臣行臣服礼，再宣誓效忠。❷

（四）肯定人民反抗封建压迫的正义性

《三国志》成书以来广为流传，形成特殊文化现象"三国热"。在国内，以三国故事为内容的评话、戏剧、小说等至今仍脍炙人口；在国外尤其是东南亚、日本等地，三国人物的谋略思想广为所用，影响极大。❸ 三国历史题材网络游戏

❶ 闻一多. 家族主义与民族主义 [C]；吴义勤. 七子之歌：闻一多经典必读 [M]. 上海：文化艺术出版社，2012：8-10.
❷ 李朝远. 中西领主分封制比较研究 [J]. 历史教学问题，1988（1）：14-19.
❸ 明言. 三国文化国际学术讨论会观点综述 [J]. 学术月刊，1994（3）：114-115.

兴起是"三国热"现象在当代的新体现。

笔者注意到中国古代史中有个政治问题值得关注，即人民反抗压迫是否正义的问题。具体到三国文化中，就是如何理解黄巾起义原因，或者说如何评价黄巾起义的问题。❶ 中国各封建王朝对此多持否定态度，以"率土之滨，莫非王臣""君要臣死，臣不得不死""雷霆雨露，俱是君恩"之类的理由主张百姓宁可饿死、冻死也不能背叛朝廷。若以该观点看待黄巾起义，当然会认为黄巾起义没有正当理由。但马克思主义阶级观认为：因为剥削和压迫的存在，阶级斗争是不可避免的，革命阶级对反动阶级的阶级斗争是阶级社会历史发展的伟大动力。并且每一次群众性阶级斗争都不同程度地冲击了剥削阶级的反动统治，或多或少地推动了生产力发展。从这个角度看，人民反抗压迫是正义的，黄巾起义当然具备充分的、正当的理由。

为厘清三国历史题材网络游戏对前述问题的基本态度，笔者将日本和中国较具代表性的三国历史题材网络游戏❷进行比较分析。这些游戏所展示的黄巾起义原因主要包括以下几个方面。

1. 天灾频现

史载汉灵帝熹平五年（公元176年），永昌太守曹鸾上书"灾异屡见，水旱荐臻"❸。汉灵帝在位期间"天下旱灾、水灾、蝗灾等灾祸泛滥，民不聊生"❹。天灾频现导致民不聊生，是黄巾起义重要原因之一。三国系列游戏对此有所反映。有的游戏从总体上强调灾害的严重性。比如《三国志4》开场动画揭示"连

❶ 按照严格的历史阶段划分，黄巾起义发生在东汉末期而不是三国时期。但当前国内外所有三国历史题材游戏在剧情设计上都不严谨。这些游戏的大部分剧情都属于三国时期剧情，但也包含少量东汉末期剧情。历史分期不严谨导致当前所有三国历史题材网络游戏都有关于黄巾起义的剧情。此外，黄巾起义原因属于中国古代政治史范畴，处于政治与历史的交叉领域，纳入政治现象范畴或历史现象范畴皆可。因本章所分析的关于黄巾起义的部分游戏文化内容偏向于政治范畴，它被纳入了政治现象范畴；而在下一章中，所分析的关于黄巾起义的另一部分游戏文化内容涉及历史观问题，更偏向于历史范畴，所以它被纳入历史现象范畴。
❷ 共有3款日本游戏与4款中国游戏，即：日本KOEI（日本光荣株式会社）《三国志》系列游戏、日本CAPCOM（日本卡普空株式会社）的《吞食天地》系列游戏和日本KOEI（日本光荣株式会社）的《真·三国无双》系列游戏，中国台湾地区宇峻奥汀的《三国群英传》系列游戏、深圳市腾讯计算机系统有限公司的《QQ三国》、北京游卡桌游文化发展有限公司的《三国杀Online》和广州网易计算机系统有限公司的《率土之滨》。
❸ 司马光. 资治通鉴：第四卷［M］. 辽宁：辽海出版社，2014：86.
❹ 刘继兴. 汉灵帝把卖官鬻爵当玩闹［N］. 新华每日电讯，2012-12-14（15）.

年灾害"。《三国志9》"黄巾之乱"背景剧情揭示"各地天灾饥荒不断"。有的游戏对灾害进行具体描述。比如《三国群英传Ⅲ》游戏背景介绍"中平元年瘟疫流行"。《三国杀Online》开场动画提到"建宁四年，洛阳地震"。《三国志5》游戏过程中不时出现瘟疫、蝗虫、洪水、台风和粮食减产等情况。《三国志10》游戏过程中多次出现蝗灾、瘟疫。也有游戏将总体灾害与具体灾害的描述结合起来，比如《三国志8》游戏背景介绍"各地瘟疫肆虐，天灾不断"。

2. 朝廷的内耗和压迫

汉灵帝是东汉著名昏君，不仅荒淫无度，还放纵宦官弄权，导致东汉官僚集团腐败不堪。❶ 面对史实，有的游戏直接指出东汉朝廷的腐败。比如《三国志6》开场动画提到"腐败的汉王朝"。《率土之滨》开场动画介绍"汉末纲乱，江山崩杞"。《真·三国无双5》游戏背景介绍"2世纪末，当时的后汉王朝因为内部的斗争而腐败"。《真·三国无双6》开场动画中揭示"朝廷的恶政"。有的游戏强调汉灵帝与朝廷腐败的密切联系。比如《率土之滨》中对汉灵帝的介绍是"昏庸无能，对政治毫不关心，实权全部掌握在十常侍的手里"。《三国群英传Ⅴ》《三国群英传Ⅵ》《三国群英传Ⅶ》的游戏背景都提到"灵帝无能，朝纲不振"。《三国杀Online》开场动画指出汉灵帝不理朝政，宦官张让为害朝堂。个别游戏还对汉灵帝进行特写式描述，比如《三国志10》游戏剧情中，汉灵帝对何进说："听说黄巾党起兵造反了，何进，就全权交给你负责了。去把他们给朕收拾掉。""收拾"一词表现出汉灵帝的狂妄和对事态的误判。《三国志11》游戏剧情中，汉灵帝的台词是："何进呀，前些天遭处斩的马元义，他到底是有什么企图啊？"在使者通报张角揭起反旗后，他的反应是："哇！哇！……何进啊！到底是怎么回事！快点想办法！"简短对话展示出汉灵帝素无谋略、遇事则乱的弱点。

《后汉书·皇后纪》载："东京皇统屡绝，权归女主，外立四帝（安、质、桓、灵帝），临朝者太后（章帝窦太后、和熹邓太后、安思阎太后、顺烈梁太后、桓思窦太后、灵思何太后），莫不定策帷帘，委事父兄，贪孩童以久其政，抑明显以专其威。任重道悠，利深祸速。"汉和帝之后，东汉均是幼帝继位、太后临朝，造成外戚和宦官争权的局面，最后遭殃的是百姓。关于外戚、宦官争权

---

❶ 邵士梅. 中国皇帝传 [M]. 西安：三秦出版社，2008：35.

夺利，三国系列游戏均有反映。比如《三国志4》开场动画提到"宦官弄权，外戚争利，使朝政日非"。《三国志9》"黄巾之乱"背景剧情提到"宫中恶臣宦官满地为患"。《三国志10》"黄巾之乱"背景剧情提到"400年繁荣历史的汉王朝开始出现衰退之兆，宦官和外戚之间的勾心斗角导致世局紊乱"。《三国志11》开场动画提到"宦官与外戚的明争暗斗导致宫中大乱"。《三国志12》开场动画提到"汉王朝呈现衰退之兆；宫中宦官外戚争权夺利"。《三国志8》游戏背景介绍"自光武帝中兴以来延续了160年的汉王朝已成为罪臣、宦官的巢穴。灵帝特别重用宦官张让等10人，人称'十常侍'，掌握实权"。《率土之滨》对十常侍的介绍是"汉灵帝时的宦官集团，人称'十常侍'，其首领是张让和赵忠。他们仗着皇帝的宠信，独断专权，使得朝纲腐败"。该游戏还为"十常侍"设计了名为"乱政"的对战技能，深入谴责十常侍为害朝纲、祸乱天下。

农民在豪强、官僚的残酷压迫下艰难求存，不得已而反抗。东汉农民反抗斗争从汉和帝永元元年（公元89年）开始，至汉灵帝时期形成起义高潮。❶ 关于"残酷压迫"，部分游戏有所体现，比如《三国志11》开场动画提到的频繁增税，《三国志12》开场动画提到"地方官吏巧取豪夺"。

3. 民众支持

张角立太平道，自称大贤良师。他派遣弟子到各地治病传教，十余年间，信徒多至数十万人。❷ 黄巾起义是在张角领导下，以太平道信众为基础发动。强大的群众基础是黄巾起义蓬勃发展的重要原因之一。对此，《三国志》系列游戏均有反映。

有的游戏直接陈述群众参加义军的状况。比如《三国志4》开场动画描述"被压迫榨取的民众"云集在张角旗下。《三国志9》"黄巾之乱"背景剧情描述"被不满和不安折磨的群众"加入黄巾义军队伍。《三国志10》游戏背景提到"许多人民都聚集到他（张角）身边。信众们不久后开始向张角恳求可逃脱恶政的救赎……"。《三国志11》和《三国志12》的开场动画均提到民众群情激奋，随张角起义。

---

❶ 杨东晨. 东汉兴亡史［M］. 西安：陕西人民教育出版社，1998：451.
❷ 张立虎. 世界通史：中世纪史（一）［M］. 北京：学苑音像出版社，2004：1.

有的游戏阐释群众支持黄巾军的原因，包括：第一，治病救人。《三国志12》开场动画提到"以救世主形象出现的太平道教祖张角凭借治病救人之举吸引了为数众多的信徒"。《三国群英传Ⅲ》游戏背景介绍"中平元年瘟疫流行，张角施法术救活无数百姓，自称'大贤良师'。他传授五百名弟子，云游四方，设立三十六方，聚众数十万人"。第二，传教。《真·三国无双1》开场动画提到"太平道的教祖张角借着传教而获得了民心"。第三，民不聊生，渴望获得解救。《三国群英传Ⅴ》《三国群英传Ⅵ》《三国群英传Ⅶ》的游戏背景都揭示"民不聊生"。《三国志8》游戏背景提到"疲于乱世的百姓们渴望着英雄的出现"。《率土之滨》开场动画的描述是"天下大乱，民不聊生；时待命世之，英杰以济之"。《三国杀Online》开场动画提到洛阳地震后"一时间百姓惶恐，灾民遍野，人心思乱。"《真·三国无双5》"黄巾之乱"剧本的游戏背景提到"农田荒废，流离失所的人们向张角所倡导的太平道臣服"。

有的游戏强调张角获得群众心理上的支持和认可。《真·三国无双6》以张角的视角展开的黄巾剧情中，从玩家在练兵场与士兵的对话可看出士兵们对张角的信任和崇拜——他们一致认为是张角将他们从水深火热中拯救出来。《三国志5》中，若玩家扮演张角，在执行巡视命令时，群众反馈往往是正面的——比如"张角大人总是为民众考虑的""要是他的话，一定能帮助我们""天公将军的仁政才能让民众过得幸福"等。

4. 天命预兆

天命观是儒家关于王朝合法性形式来源的基本观念。它将朝代兴起解释为上天授命的结果，将朝代更替解释为天命变化的结果，并附会五行理论，推导出"五德终始"学说；在此基础上进一步将各类祥瑞或灾祸解释为天命变化的预兆。❶受天命观影响，中国古代臣子偶尔会以某种灾祸预兆着天命变化为由，向皇帝进谏；意欲改朝换代者也常以某种灾祸预兆着天命变化为由，发动起义或叛乱。

黄巾起义口号"苍天已死，黄天当立"正是天命观的体现。对此，《三国志》系列游戏多有体现。比如《三国杀Online》第一关中，黄巾兵对刘备说：

---

❶ 陈劲松. 儒学社会中王朝的合法性及其历史建构［J］. 中国人民大学学报，2006（2）：11-16.

"苍天已死，黄天当立！陪我一同拜大贤良师！"《三国志 10》开场动画展现浩浩荡荡的起义军挥舞"苍天已死，黄天当立"的旗帜。《三国群英传Ⅴ》《三国群英传Ⅵ》《三国群英传Ⅶ》的游戏背景介绍"太平道人张角号称'苍天已死，黄天当立'，率黄巾军起义"，且可看到黄巾军高举着许多黄色旗帜，上书"苍天已死黄天当立"。《真·三国无双》"黄巾之乱"剧本的游戏背景提到"身为太平道教祖的张角散布着'苍天已死，黄天当立，岁在甲子，天下大吉'的言论，在民众间掀起了反朝廷的趋势"。且黄巾军士兵所举黄色旗帜亦书"苍天已死，黄天当立，岁在甲子，天下大吉"。《三国群英传Ⅲ》游戏背景提到"苍天已死，黄天当立；岁在甲子，天下大吉"，游戏剧情中张角与人对话时说："汉朝气数已尽，真正统治天下的圣人出现了，你们应该顺从天意，以享受太平盛世啊！"《三国志 6》游戏剧情中，当张宝、张梁劝张角解救万民、反抗汉王朝时，张角说："苍天已死，现在正是举事的良机！"《三国志 8》游戏剧情中张角与人对话时称："汉朝气数已尽，对于走向灭亡的朝代给予引导是我们的使命"。《三国志 11》设计的人物对话中，张角强调民心可贵和"天命难违"。

二、通过评价实现政治目的的具体措施体现的优秀文化

为实现特定政治目的，不同时代、不同国家的统治阶层倾向于采取不同的具体措施。这些措施大多能够在不同程度上体现其政治目的的正义或非正义的属性及其程度。在调研中，笔者发现的通过评价实现政治目的的具体措施体现的优秀文化如下。

（一）对消除政治谣言的认可

《魔兽世界》阿古斯的玛凯雷地区"公开演讲"任务显示：有恶魔混入基尔加丹平台的公众演讲现场，散布谣言、煽动舆论。玩家需找出并击毙伪装成普通群众的恶魔。美国心理学家奥尔波特提出了著名的谣言公式：谣言的杀伤力＝信息的不透明程度×信息的重要程度。❶ 政治与经济、文化、社会等其他领域的密切关系使政治谣言伤害极大。新媒体普及又使政治谣言传播速度更快、传播范围

---

❶ 匡文波，郭育丰. 微博时代下谣言的传播与消解——以"7·23"甬温线高铁事故为例［J］. 国际新闻界，2012（2）：64-69.

更广、危害程度更深。因此，许多国家都将打击政治谣言作为谣言治理的重要内容。政治谣言治理是一项系统工程，不仅需政府部门发挥作用，还需全社会共同参与。● 网络游戏让玩家身临其境体会到政治谣言的危害并亲自消除政治谣言，有助于引导玩家提升对政治谣言治理文化的认同度。

（二）揭露封建军队的军阀本质

《剑侠情缘网络版叁》设计的门派"天策"揭露封建军队的军阀本质。游戏在"天策"的背景介绍中提到"他们心中并没有真正意义上的正邪善恶，只坚持以李唐王朝为本的信念"。"坚持以李唐王朝为本的信念"反映出皇帝对军队的控制。相关资料显示：唐朝皇帝拥有最高军事控制权，但控制程度在唐朝前期和中后期差别极大。在前期，皇帝在形式上与实质上都掌握着控制军队的最高权力；在中后期，皇帝逐步丧失对军队的实质控制权，但形式上还是军队最高统帅。❷ 因皇帝是军队最高统帅，军队当然坚持"以李唐王朝为本"。但"他们心中并没有真正意义上的正邪善恶"也是唐朝后期军队经常祸害百姓的根本原因。他们"坐仰衣食，无所事"，又时常怙乱邀赏，掠夺民间，加上朝廷、方镇的长期优给和姑息宽纵，演变为既脱离社会生产又时常变乱于社会中的寄生阶层。此即旧史惯称的"骄兵"。❸

游戏让玩家感受封建军队的军阀本质，可帮助玩家更深切地体会到现实中人民军队为人民服务的可贵品质。中国人民解放军自诞生时起就坚持以全心全意为人民服务为唯一宗旨；以打仗、生产、做群众工作作为其三大任务。❹ 党的十九届四中全会总结中国国家制度和国家治理体系的显著优势，其中一项就是"坚持党指挥枪，确保人民军队绝对忠诚于党和人民"。党对军队绝对领导是人民军队区别于一切旧军队的政治特质和根本优势。❺

（三）质疑欧美政治文化的虚伪与"双标"

"二战"结束以来，作为世界第一强国的美国每次发动侵略、粗暴干涉别国

---

❶ 邵长军. 国外重拳打击网络政治谣言 [N]. 人民日报，2017-11-27 (23)；崔文佳. 重视政治谣言的"减收效应" [N]. 北京日报，2014-9-24 (03).

❷ 肖云. 浅析唐朝皇帝调遣军队的权力 [J]. 沧桑，2012 (2)：75-78.

❸ 王赛时. 唐朝军队结构的变化与骄兵悍将的形成 [J]. 齐鲁学刊，1988 (5)：55-60.

❹ 廖盖隆. 中国共产党历史大辞典：总论·人物 [M]. 北京：中共中央党校出版社，2001：5.

❺ 任平. 永葆人民军队性质宗旨本色 [N]. 人民日报，2020-1-9 (04).

内政时，总习惯于提出若干虚伪政治口号，以掩盖其帝国主义本质。"双标"与虚伪已成为美国政治文化的重要特色之一。早在 1965 年美国侵越战争期间，时任美国总统约翰逊就曾发表讲话，在虚伪的"和平"言词掩盖下进行战争讹诈。此后不久，时任美国副国务卿鲍尔在接受记者采访时又宣称，将继续"照现在那样"强化在越南的战争、轰炸越南北方，相当于揭穿了美国总统"和平"口号的虚伪性。❶ 近 20 年来，美国宣扬着"人权""民主"的口号，却给阿富汗、伊拉克、利比亚、叙利亚等国带去战乱、动荡以及大量平民死亡、难民潮涌的人间惨剧，导致恐怖组织借机坐大。❷

《魔兽世界》翡翠林地区的"既往开来"任务中，作为本地居民的熊猫人对联盟军队的"和平"口号难以苟同，所以才说："你们对'和平'的定义很是有趣。"游戏设计的人物对话与游戏剧情巧妙反映出欧美在当代军事和政治领域的伪善特色，即不管怎样进行军事干涉都要打着"和平""人道主义"之类的崇高旗号。在该游戏任务中，玩家接受联盟指派，干涉熊猫人阵营与部落阵营之间的冲突，潜入部落阵营为联盟军队的空袭指示目标；一路击杀敌军，解救被俘人员，最后乘直升机安全返回。游戏过程非常形象地再现了当代欧美常用的军事干涉套路，把欧美政治文化的"双标"与虚伪特点呈现在玩家面前。

（四）揭露欧洲殖民文化的残暴性

15 世纪末欧洲殖民者来到北美，对印第安人实施种族灭绝政策。美国独立后，掠夺印第安人土地的方式变得格外毒辣。美国统治集团采取武力和欺诈手段把印第安人从其世代居住的土地上赶走。仅在 19 世纪，美国对各印第安人部落就发动了 200 多次袭击与扫荡性战争，残暴屠杀印第安人，把他们驱赶到西部贫瘠的沙漠地带和一些州的零散的"保留地"内。美国印第安人人口锐减，到 1865 年，除阿拉斯加外，只剩下 38 万人。❸ 哥伦布 1492 年到达新大陆及白人在

❶ 新华社. 约翰逊又在"和平"幌子下进行战争讹诈 鲍尔叫嚷要强化侵越战争，自行揭穿约翰逊的骗局 [N]. 人民日报，1965-4-13 (5).
❷ 本报评论员. 美式"人权""民主"极度虚伪——操弄"双标"不会得逞 [N]. 人民日报，2019-12-1 (1).
❸ 中国大百科全书总编辑委员会《外国历史》编辑委员会，中国大百科全书出版社编辑部. 中国大百科全书：外国历史Ⅰ [M]. 北京：中国大百科全书出版社，1990：112.

西半球进行种族灭绝的征讨前，美国境内印第安人约有 1000 万。1890 年 12 月的翁里德尼之战后，整个美国只剩下不到 25 万印第安人。❶ 此外西班牙传教士、史学家拉斯卡萨斯估计，西班牙在 16 世纪上半叶屠杀印第安人达 1200 万—1500 万。❷ 由于法国殖民当局的暴行，摩洛哥人口自从 1948 年来已从 900 万减少到 750 万。在摩洛哥，进步的社会和经济措施只限于法国人居住的地方；在其余地方，"唯一的东西就是暴力"。法国殖民军队不但杀害成年人，而且还杀害妇女和儿童。法国军队进行的军事演习"常常是屠杀的掩饰"。❸ 20 世纪 50 年代至 60 年代初肯尼亚人民发动反对英国殖民统治的武装斗争。殖民当局镇压起义期间，数以千计的肯尼亚人丧生，约 15 万肯尼亚人被关进集中营，其中许多人与起义无关。❹ 在肉体上折磨和屠杀殖民地原住民只是自诩文明的欧洲人殖民文化的特点之一。其特点之二是要彻底根除或改变殖民地原住民的精神信仰，即抛弃其原始宗教而皈依基督教。比如在 17 世纪和 18 世纪，基督教传教士建立改造印第安人信仰的"祈祷之城"（Playing Town）成为一种潮流。托马斯·梅休、约翰·艾略特和朱利佩罗·塞拉等著名传教士都曾强迫印第安人进入教区生活，以教给印第安人欧洲的信仰、风俗和贸易方式。❺

《魔兽世界》外域影月谷地区的"影月先驱者"任务以比较含蓄的方式揭露了欧洲殖民文化的上述两个特点。在游戏剧情中，作为殖民者的蛮锤矮人消灭了当地原住民影月先驱者的肉体；但相当一部分原住民死后化为幽灵。当蛮锤矮人发现对原住民的消灭不够"干净"后，就发放任务，要求玩家击杀一定数量的影月先驱者幽灵，理由是这些幽灵太吵了。这样，殖民者们相当于分别从肉体上和精神上把原住民们杀害了两次。

（五）赞赏反法西斯政治合作

虽然学界关于抗战期间美国对华军事援助的时间起点问题存在争议，但对于中国从美国军事援助中获益并持续至抗战胜利结束这个问题是达成共识的。美国

❶ 邱惠林. 论美国印第安民族的衰落 [J]. 四川大学学报：哲学社会科学版, 1995 (4)：78-85.
❷ 丁建弘, 孙仁宗. 世界史手册 [M]. 杭州：浙江人民出版社, 1988：362.
❸ 新华社. 控诉法国殖民者残暴的罪行 [N]. 浙江日报, 1955-8-29 (2).
❹ 新华社. 英政府考虑赔偿"茅茅"斗士 [N]. 北京晨报, 2013-5-7 (A25).
❺ 邱惠林. 论美国印第安民族的衰落 [J]. 四川大学学报：哲学社会科学版, 1995 (4)：78-85.

对华军事援助主要表现在以下方面：第一，武器装备的有偿援助。抗战时期中国空军从美国获得 1038 架战斗机、244 架轰炸机、15 架侦察机、97 架运输机。第二，教育训练援助。美国曾在印度和中国西南地区建立训练基地，按美军理念训练中国军官。到抗战结束前夕，国民党大部分陆军军官与约 1000 名空军军官曾在各训练基地轮训。第三，军事人员援助。战时援华美军总数超过 6 万。陆军航空兵部队最多，其中包括由美国志愿航空队改编的第 14 航空队（即飞虎队）。❶

《魔兽世界》任务剧情中，熊猫人大陆的珠鳍村珠鳍锦鱼人族遭森林猢狲族入侵，难以抵御。玩家就在暴风城王国指派下，与其他暴风城军官一起对珠鳍锦鱼人提供军事援助，援助内容包括供应武器、训练士兵、协助侦查和参与攻击。为暗示游戏中猢狲族代表日本侵略者，设计人员还专门让游戏中的猢狲穿上了有鲜明日本特色的兜裆布。这段任务剧情与 20 世纪 40 年代美国与中国合作共同抗战的历史非常相似，体现了在法西斯主义威胁面前，各国精诚团结、共同抵抗的优秀政治文化。

---

❶ 仲华，邹轶男. 抗战时期外国军事援助述评 [J]. 军事历史研究，2007（1）：64-71.

第五章

其他优秀文化

第五章
其他优秀文化

一、中医治疗保健文化

中医理论和实践历经数千年发展，形成完整而系统的医学体系。其内在特质与中华民族的传统思维和传统文化有机地融汇在一起，这是中医与西医的本质区别。中医学是以中医药理论与实践经验为主体，研究人类生命活动中健康与疾病变化规律及其预防、诊断、治疗、康复和保健的综合性医学科学。[1] 中医学理论体系最重要的特点在于其有机论人体观与临床的辨证论治操作体系。[2] 中医学的产生与发展，除取决于实践经验外，还与中国传统文化倡导宝命全形的系统思维方式、哲学思想关系密切；中医学理论蕴含的整体观、运动观、联系观和辩证法的思想与马克思主义哲学思想也多有共通之处。中医文化是中华民族优秀传统文化的重要组成部分，值得我们继承和发扬。

作为中医文化的两大重要内容，中医治疗文化和中医保健文化在网络游戏《剑灵》中均有体现。

（一）中医治疗文化

中药是中医治疗的必备品。中药房内有药柜，中药一般都分门别类放在药柜里。中药按加工工艺分为中成药、中药材。患者需治疗时，按医生处方配齐中药，用牛皮纸分服包好，熬制后便可服用。《剑灵》中出现的药房、药柜与现实世界传统中医的药房、药柜外观完全一样。

此外，中医治疗讲究调理与平衡，以及药食同源。《剑灵》中就有用葛根调

[1] 郑小伟. 中医学基础理论 [M]. 长沙：湖南科学技术出版社，2011：1.
[2] 中国大百科全书总编辑委员会《中国传统医学》编辑委员会，中国大百科全书出版社编辑部. 中国大百科全书：中国传统医学 [M]. 北京：中国大百科全书出版社，1992：1.

理身体的剧情：玩家因身体虚弱而找名医治疗。名医说用葛根制成汤圆服用，即可调理身体。

（二）中医保健文化

气功有养生益寿之效，依据在于：一方面，气功可疏通经络，使气血流通，起到无病强身、有病治病的作用；另一方面，运用气功各种功法进行锻炼，能使"精、气、神"融为一体，增强机体生命活力，自然会延长生命、推迟衰老。❶气功是中医养生保健的重要方式，也是中医学的重要分支，因此迄今为止我国中医院校仍将气功设为选修课程，《中医气功学》仍被纳入国家规划教材，国家中医药管理局仍在扶持中医气功学的重点学科建设与高级师资培训。❷

《剑灵》供玩家选择的十大职业之一就有气功师。这种设计不仅能让玩家了解中医学的重要组成部分，也能让玩家接触中医的一些基本观念，有助于增加玩家对中医文化的认知，提升民众对中医文化的认可度。

二、节庆文化

（一）春节

中国春节历史悠久。春节期间，各地会举行各种庆贺活动，以除旧布新、驱邪攘灾、拜神祭祖、纳福祈年为主要内容。中国农历新年到来之际，《英雄联盟》常会推出新年生肖游戏皮肤，以示庆贺，比如 2019 年猪年瑟庄妮的"金猪烈焰"皮肤。从画面颜色看，该款皮肤以喜庆的中国红为主。不但瑟庄妮一身红装，她骑的猪也是粉红色的。从游戏元素看，该款皮肤也充满中国新年的味道。坐骑猪与 2019 年猪年相呼应；猪身上披挂有铜钱和中国结；瑟庄妮手里挥舞的鞭子由鞭炮组成；背景是烟花和欢庆的百姓。白俄罗斯 Wargaming 公司研发的军事题材对战类网络游戏《坦克世界》也经常庆贺中国春节。比如 2016 年猴年春节期间，该游戏专门为中国玩家设计挂满红灯笼、彩灯和贴有春联、猴子剪纸的场景。游戏所营造的文化氛围与现实生活中的春节相呼应，可让玩家更好地沉浸于节日氛围中，有助于增强文化认同。

---

❶ 宋一同. 中医养生学 [M]. 北京：中国纺织出版社，2015：130.
❷ 夏姗姗. 中医气功学近十年首次培训师资 [N]. 北京商报，2013-7-3（D2）.

（二）元宵节

元宵节是中国传统节日之一。中国地域宽广、习俗各异，所以元宵节在不同地区有不同称谓，包括"上元节""小正月""元夕"或"灯节"等。正月十五日因是一年中第一个月圆之夜，被视为大地回春的夜晚，预示着一元复始，万象更新。另外，因元宵节在春节之后，也被视为春节的最后一天。❶

每逢元宵节，《剑侠情缘网络版叁》往往会设计相应任务与奖励。比如 2019 年元宵节期间，玩家可在游戏中的扬州或成都花灯活动区领取一系列节日任务，做花灯、放花灯、跳花灯等，完成任务后可获得"元宵节礼盒"奖励。"元宵节礼盒"中含有多种口味的汤圆。有关元宵节的很多现实习俗都在游戏中有所体现，可以进一步强化玩家对元宵节的了解。

（三）儿童节

1949 年 11 月国际民主妇女联合会为保障全世界儿童生存、保健和受教育的权利，反对帝国主义战争贩子虐杀和毒害儿童，在莫斯科召开执行委员会，正式决定每年 6 月 1 日为全世界少年儿童的节日，即国际儿童节。中华人民共和国成立后，中央人民政府政务院 1949 年 12 月 23 日规定 6 月 1 日为儿童节。❷

每当儿童节来临之际，一些网络游戏尤其是儿童游戏会在游戏中举行相应庆祝活动。比如 2016 年儿童节期间，北京乐元素文化发展有限公司研发的《开心消消乐》设计了"童年宝藏"系列任务。玩家每天有两次机会，收集弹珠来兑换奖励。只要收集的弹珠达到一定数量，就可换到糖果礼盒。礼盒包含丰富的道具、虚拟金币、虚拟风车币。这种活动设计能起到提醒玩家节日到来的作用。

（四）母亲节

1906 年 5 月美国费城的安娜·贾薇丝的母亲不幸去世。在次年母亲逝世周年忌日，安娜组织了追思母亲的活动，并鼓励他人以类似方式来表达对各自慈母的感激之情。她的呼吁获得热烈响应。1913 年 5 月，美国国会通过决议案，决定每年 5 月的第二个星期日为母亲节。❸ 母亲节虽源于美国，但其表达对慈母感激之

---

❶ 张跃，王晓燕. 元宵节 [M]. 合肥：安徽人民出版社，2014：4.
❷ 王伯恭. 中国百科大辞典（3）[M]. 北京：中国大百科全书出版社，1999：1922.
❸ 范德洲. 母亲节的意义在于感恩 [N]. 芜湖日报，2015-5-12（RB04）.

情的设立初衷与"孝顺父母"的中国传统相吻合，因此传入中国后逐渐为民间部分人士所认可。

2016 年母亲节期间，《开心消消乐》的任务奖励除了游戏道具外，还附有对妈妈的祝福和感恩。集齐有关母亲节的五张卡片后，玩家还可收到额外礼物。《开心消消乐》将游戏任务、奖励与庆祝母亲节联系起来，有助于玩家于细微处体会母亲对子女的深情，从而激发子女对母亲的感恩。

（五）反法西斯战争胜利纪念日

中国抗日战争是世界反法西斯战争的重要组成部分。中国抗日战争胜利不仅使中国踏上新征程，也为世界反法西斯战争胜利作出了重大贡献。中国抗日战争胜利与世界反法西斯战争胜利都让人铭记正义必胜的道理。正如 1995 年 9 月 3 日江泽民在首都各界纪念抗日战争暨世界反法西斯战争胜利 50 周年大会讲话时指出"不管侵略者如何猖狂一时，世界终究是世界人民的世界，中国终究是中国人民的中国。在热爱和平、追求进步、团结一致的人民面前，任何造成历史倒退的邪恶力量，最终都将被战胜"[1]。纪念世界反法西斯战争胜利更是为了让人们认清战争的邪恶性，更加珍惜来之不易的和平生活。正如习近平在纪念中国人民抗日战争暨世界反法西斯战争胜利 70 周年大会讲话时指出："战争是一面镜子，能够让人更好认识和平的珍贵。今天，和平与发展已经成为时代主题，但世界仍很不太平，战争的达摩克利斯之剑依然悬在人类头上。我们要以史为鉴，坚定维护和平的决心。"[2]

作为一种青少年喜闻乐见的媒介，网络游戏利用独特形式进行相关纪念活动，有助于强化青少年对反法西斯战争意义的认识，更加坚定地支持中国主张的和平发展之路。2016 年是反法西斯战争胜利 71 周年，《坦克世界》设计了相应的任务及奖励，将纪念世界反法西斯战争胜利 71 周年用游戏手段更形象地展现出来。

---

[1] 廖盖隆. 中国共产党历史大辞典·社会主义时期 ［M］. 北京：中共中央党校出版社，2001：462.
[2] 习近平. 在纪念中国人民抗日战争暨世界反法西斯战争胜利 70 周年大会上的讲话 ［N］. 人民日报，2015-9-4（2）.

第六章

网络游戏优秀文化传播
存在的问题

第六章
网络游戏优秀文化传播存在的问题

通过重点调研和一般性调研相结合，前五章梳理了网络游戏中呈现的各种优秀文化，同时也发现了网络游戏在传播优秀文化过程中存在的问题。

一、中国网络游戏市场传播优秀文化的途径先天不足

与狭义网络游戏相比，广义网络游戏的玩家互动功能稍弱，但游戏剧情叙述功能稍强。接触广义网络游戏的玩家通常不必过于紧张与其他玩家互动，而有较多时间、精力品味游戏文化内涵。因此在传播优秀文化方面，广义网络游戏具备强大潜力。但目前中国游戏企业基本上只研发狭义网络游戏，而不关注广义网络游戏。之所以出现这种状况，主要原因在于：

其一，中国版权保护机制欠完善。多数中国网民没有为软件付费的消费习惯，即使杀毒软件都愿意用免费的，导致靠卖软件盈利的广义网络游戏行业很难生存。[1] 笔者在深度访谈中发现，一些网民愿意每年花数百元支付狭义网络游戏的游戏时间费，少数网民甚至愿意花数千元上万元购买狭义网络游戏中的高级道具，却舍不得花数十元或一两百元购买广义网络游戏正版软件。玩家们不是不玩广义网络游戏，而是习惯于下载盗版广义网络游戏。盗版严重导致中国广义网络游戏丧失市场。20世纪90年代中期中国光盘生产能力有限，当时盗版光盘订单数量远远高于正版，所以有能力大批量刻录光盘的生产线更倾向于生产盗版光盘。有游戏公司员工揭露，光盘工厂一般白天生产盗版游戏盘，晚上加班生产正版游戏盘。1995年国家有关部门曾关停13家参与盗版光盘生产的正规光盘厂，

---

[1]　薛强.赛博空间里的虚拟生存：当代中国电子游戏研究［M］.上海：复旦大学出版社，2018：54.

在一定程度上抑制了盗版乱象。此后全国范围打击盗版源头渠道的行动再未出现。❶ 随着互联网的壮大，盗版以新形式出现，以网上付费下载的方式代替了以往的盗版光盘交易。

其二，相关政策的部分影响。2000 年 6 月，为避免危害青少年健康成长与扰乱社会治安秩序，文化部等 7 部委联合发布《关于开展电子游戏经营场所专项治理的意见》。文件第 6 条规定：面向国内的电子游戏设备及其零、附件生产、销售即行停止。任何企业、个人不得再从事面向国内的电子游戏设备及其零、附件的生产、销售活动。2013 年 9 月国务院印发《中国（上海）自由贸易试验区总体方案》，关于该方案的具体措施中明确规定允许外资企业从事游戏游艺设备的生产和销售，通过文化主管部门内容审查的游戏游艺设备可面向国内市场销售。至此，我国长达 13 年的电子游戏设备生产、销售禁令被解除。❷ 广义网络游戏既可在电脑上运行，也可在专用游戏机上运行。长达 13 年的电子游戏设备生产、销售禁令相当于断绝了广义网络游戏在专用游戏机上运行的可能，会在一定程度上压缩中国广义网络游戏市场，减少投资广义网络游戏可能获得的利润。《关于开展电子游戏经营场所专项治理的意见》的出发点是好的，但对造成的附带效应考虑不足，使中国广义网络游戏研发企业面临比外国同行更严峻的生存环境，在一定程度上起到对中国广义网络游戏行业投资者的"劝退"作用。

值得警惕的是，当中国不重视以广义网络游戏传播优秀文化这一良好途径后，一些别有用心的外国企业占据了这个领域，并将其打造成进行文化侵略的重要平台。一些外国企业甚至借助广义网络游戏肆意攻击社会主义意识形态、歪曲中国历史，既有他们原本就不认同中国文化与中国道路的原因，也有中国广义网络游戏市场已萎缩到无利可逐，使他们觉得无须顾及中国玩家的感受与中国政府的态度的原因。事实上，中国广义网络游戏合法市场的极度萎缩并不意味着中国玩家不再受广义网络游戏影响。由于盗版猖獗，许多玩家既玩正版的狭义网络游戏，又玩盗版的广义网络游戏。广义网络游戏对中国玩家的影响不会比狭义网络游戏的影响差太多。假如不能推动中国企业收复广义网络游戏行业的失地，或者

---

❶ 王亚晖. 中国游戏风云［M］. 北京：中国发展出版社，2018：144.
❷ 上海自贸区总体方案公布［N］. 兰州晨报，2013-9-28（A12）.

设法令外国相关企业有所顾忌，那么中国网络游戏传播优秀文化的途径的先天不足就将一直存在，无法弥补。

二、网络游戏在呈现优秀文化过程中存在的具体问题

（1）所调研的游戏以传播古代优秀文化为主，较少涉及当代优秀文化。尤其是包括社会主义核心价值观在内的社会主义意识形态文化在游戏中展现不多。因此前述六章是按文化内容类型而非按文化产生或存在的时期，对网络游戏中的优秀文化进行分类归纳，没有单列优秀历史文化这一类型。

（2）调研发现，优秀文化在多数游戏中往往只是点缀，以优秀文化为主的网络游戏数量不多。以宣扬爱国主义为主题的极少数国产游戏存在较多缺陷：要么优秀文化含量虽高，但制作形式极其简陋、运营水平相对低下；要么打着爱国主义的旗号，但爱国文化含量很低。考察国内诸多游戏传播优秀文化的状况时，还发现存在"优秀文化含量越高越不受市场欢迎"这一堪忧现象。

（3）个别游戏展现的优秀文化存在重点不突出的问题，有时未将精华呈现出来。比如《剑侠情缘网络版叁》对描绘曹植与洛神相恋故事的《洛神赋图》的处理就存在这种问题。该游戏只展现《洛神赋图》第一卷，偏偏漏掉了被公认为该图最高潮的第二卷与该图最感人的第三卷。又比如《剑灵》为传播中医气功文化，只设计了一个名为"气功师"的玩家职业，并且游戏里的气功还只有攻击他人的作用。这种设计也遗漏了中医气功文化的重点——气功的主要作用在于保健和治疗。

第七章

中国网络游戏传播优秀文化的路径

第七章
中国网络游戏传播优秀文化的路径

传承与弘扬中华优秀传统文化，是我国新时代文化建设的重点之一。2023年10月全国宣传思想文化工作会议正式提出的"习近平文化思想"中，包含了一系列新思想新观点新论断，也多次涉及这个方面。如"十四个强调"和"七个着力"中都提到要"推动中华优秀传统文化创造性转化、创新性发展"。调研发现，网络游戏是优秀文化的重要载体，也理应能成为中华优秀传统文化的传播平台。学术理论要指导好社会实践，必须在逻辑推理之外考虑更多的操作问题、在社会责任之外考虑更多的资源配置与激励机制问题、在正能量传播之外考虑更多受众爱好的满足问题。综合以上考虑，笔者拟提出以下五个方向的实现路径，并在每一路径下详细阐述具体对策。

一、游戏设计游戏运营并重、全面提升游戏文化品质

游戏公司是企业，不是事业单位或者社会团体。这一性质决定了不论行业组织怎么引导、政府职能部门怎么管理，多数游戏公司最重视的效益通常是经济效益，而不太可能是社会效益。

优秀文化当然不仅是指爱国主义文化。不论是宣传社会主义意识形态、反映社会主义核心价值观、弘扬传统美德的文化，还是批判剥削阶级腐朽观念、批判殖民主义与帝国主义观念、批判种族歧视与民族歧视的文化，任何促进社会进步、有助于维护人民根本利益的文化都属于优秀文化。但在考察国内诸多游戏传播优秀文化的状况时，笔者发现存在"优秀文化含量越高越不受市场欢迎"这一令人担忧的现象。网络游戏光传播优秀文化还不够，还需确保尽可能多的玩家认知、认同优秀文化。如果优秀文化含量相对较高的网络游戏不受市场欢迎，无法实现有效传播，那么通过网络游戏实现中华优秀传统文化的创造性转化、创新

性发展也就只是一句空话。

由于提升网络游戏优秀文化品质才是充分发挥网络游戏文化传播功能关键所在，所以包括爱国主义题材游戏在内的各种优秀文化含量相对较高的网络游戏哪怕面临再多困难，也不应被忽略。在调研过程中，笔者发现传播优秀文化的国产游戏与国内市场上的热门游戏相比，存在的主要缺陷是：倾向于做短平快投资，导致重运营轻设计；又因不愿在游戏设计环节下大成本，进一步导致游戏内容贫乏、形式粗糙。我国学术界有责任研讨对策，帮助网络游戏领域的优秀文化传播走出当前的困境。因为优秀文化含量相对较高的国产网络游戏面临的主要问题集中于游戏设计与运营两方面，所以相应建议也围绕着这两方面展开。

（一）游戏设计策略

值得网络游戏传播的优秀文化很多，一些国内外游戏也正在传播优秀文化。但在彻底破解"优秀文化含量越高越不受市场欢迎"这种怪异现象之前，愿在网络游戏中大量传播优秀文化的企业不多。就现状而言，凡是优秀文化含量相对较高的国产游戏，其设计水平确实不高。网络游戏要传播好优秀文化，应在内容设计与形式设计方面双管齐下，实施改进。

1. 优秀文化与娱乐因素充分结合

在玩家心目中，网络游戏主要是休闲娱乐产品而不是思政教材。在笔者收集的问卷调查数据中，被调查者中51%的中学生和62.94%的成年人选择网络游戏的标准之一是"任务有趣"；被调查者中59.7%的中学生和48.69%的成年人选择网络游戏的标准之一是"惊险刺激"。要在网络游戏中顺利实现传播优秀文化的目的，就必须将优秀文化与娱乐因素充分结合，实现休闲娱乐与陶冶情操的统一。

（1）充分运用幽默因素

幽默属于喜剧性艺术，是指艺术家所创造的具有喜剧情境的一种特殊形式。它通过比喻、双关、夸张、象征、讽喻、寓意等艺术手法，运用机智、风趣、凝练的语言，对生活中的局部性问题和正面人物身上的缺点错误进行揭露，使人在善意的微笑中明辨是非、增长智慧。积极进步的幽默，是人类智慧的结晶，是人

的乐观主义精神的产物。❶

在当前国内网络游戏市场上，幽默因素运用得较多、优秀文化与幽默因素也结合得较好的游戏是《魔兽世界》。这主要体现在以下方面。

①剧情设计幽默

游戏剧情是网络游戏向玩家传播文化的最重要的方式之一。在具体的任务剧情中，玩家每次与游戏中的特定角色交接任务，都有机会了解剧情的发展变化。如果能在相应剧情中适当糅入幽默因素，通常会使文化传播变得更有吸引力。比如在《魔兽世界》德拉诺的影月谷地区，玩家可以接到一个名为"露拉失去的爱人"的任务，其任务剧情是：妻子露拉在与丈夫乌拉外出钓鱼时睡着了。她醒后找不到丈夫，只看见身边有些蛤蟆；惊慌之下开始胡乱联想，以为丈夫在自己睡着时被某个邪恶的兽人用法术变成了蛤蟆。因不清楚附近地区的哪只蛤蟆是自己丈夫变的，她请求玩家帮自己去软泥中挖掘蛤蟆并带给她，以便她逐一亲吻每只蛤蟆，将自己丈夫复原。玩家按要求把若干蛤蟆交给她亲吻后，没有任何一只蛤蟆变成她丈夫。此时会出现戏剧化情节：其丈夫乌拉刚巧回来，见到妻子亲吻蛤蟆，不得不耐心解释自己只是出去了一小会儿，并未变成蛤蟆。但妻子露拉仍不太相信，还以为眼前的丈夫只是幻象，自己真正的丈夫仍是某只蛤蟆。这段任务剧情显然影射了《格林童话》中关于青蛙王子的故事❷，并将夫妻之间真挚的爱情与西方式幽默较好地结合了起来，让玩家在赞叹真情的同时，也感受到幽默带来的乐趣。

②话语设计幽默

并非所有玩家都热衷于接受网络游戏文化熏陶。相当一部分玩家沉迷于其虚拟角色"实力"不断变强的过程，除了不断练级或锻炼对战技巧外，很少关注游戏中的其他信息。不过，哪怕是像游戏话语这样通常不起眼的信息，如果能够充分运用幽默因素，也能引起玩家的注意，甚至可能给玩家留下深刻印象。比如《魔兽世界》诺森德的北风苔原地区有个名为"捕获奈辛瓦里猎户"的任务。该任务要求玩家把假的动物毛皮放在驯鹿陷阱旁，以吸引非法偷猎者，并在非法偷

---

❶ 戚廷贵，刘孝严，唐树凡. 东西方艺术辞典 [M]. 长春：吉林教育出版社，1992：159.
❷ 格林兄弟. 格林童话 [M]. 长春：安徽少年儿童出版社，2010：2-5.

猎者现身后抓捕他。当玩家按要求安放好假毛皮后不久，驯鹿陷阱附近会出现一个非法偷猎的奈辛瓦里猎户。他会说："真是怪事！这畜生剥掉了自己的皮。"并走向陷阱。随后玩家可实施抓捕。这段话语设计既抨击了偷猎者的残忍——他已习惯于屠杀珍稀动物并剥掉毛皮，也讽刺了偷猎者的愚蠢——陷阱上出现毛皮而不是动物显然不合常理，但偷猎者利令智昏，居然想像出动物自己把皮剥掉的"合理"解释，为自己离开藏身处去拾取珍贵毛皮寻找借口，最终导致自己落入法网。《魔兽世界》的优秀文化含量不高，但这一小段话语设计中蕴含的环保主义黑色幽默的确把优秀文化与幽默元素结合得相当完美，非常值得借鉴。又如《魔兽世界》阿古斯地区的维迪卡尔号飞船上有一位光着脚坐在桌子上沉思的、名为塞布斯·锥点的侏儒，玩家若与他交谈，会发现一段有趣的对话：

玩家：有意思……你为什么不穿鞋？

塞布斯·锥点：脚下冰冷的地面能帮助我保持专注。

玩家：可你坐在这里。

塞布斯·锥点：对，呃，你可难住我了，不过这样还是很舒服的。如果你不介意的话，我还有很多东西要读。

这段对话的幽默之处在于：这位名为塞布斯·锥点的侏儒腿短。当他坐在桌上时，双脚悬空，根本无法着地。但他思考问题过于专注，并未意识到这一点，因此在随口敷衍玩家时说错话。与其交谈的游戏玩家只有在认真品味后，才能领会到专注品质的可贵——这才是游戏试图传播的优秀文化。

③物品介绍幽默

许多游戏对包括道具、武器等在内的游戏物品都会设置物品介绍。这类物品介绍多为对物品性能、品质等信息的平实阐述，但往往难以吸引玩家注意力。《魔兽世界》别出心裁，在其游戏内的许多物品介绍上极尽幽默之能事，例如，对游戏宠物"仿真机械霜鬃野猪"的说明是"在频频有人抱怨说驯服年幼的野猪是件苦差事后，工程师们设计出了这个栩栩如生到吓人的模型，解决了这个难题"。对游戏宠物"机械小鸡"的介绍是"最早由一名生气的地精制造而成，专门用清晨的打鸣声来骚扰邻居。"对游戏宠物"疯狂松鼠"的介绍是"大部分松鼠都会储藏橡实作为食物。而疯狂松鼠则是储藏橡实作为弹药"。对游戏宠物"蜇蠊"的介绍是"早在我们出现之前，它们已经在此繁衍。即使我们灭亡，它们的传承仍将继续。"对游戏宠物"厄运之花"的介绍是"清楚地表明了为什么应该谨慎地使用地精肥料。"❶ 对道具"乌兹克的尘封之靴"的介绍是"虽然已经在这个墓穴里散了很久的味儿，但还是很臭。"对道具"古代腌锦鲤"的介绍是"只有一个办法才能知道这到底是去年腌制的还是一万年前的。打开罐子的任务最好还是留给别人吧。"上述事例传播的均为"中性"文化而非优秀文化，但其幽默的表达方式还是值得传播优秀文化的游戏借鉴的。

在多数情况下，优秀文化传播与幽默并无冲突。对于优秀文化含量相对较高的游戏而言，能否在游戏设计中适当运用幽默因素来增加优秀文化对玩家的吸引力，主要取决于游戏制作企业是否愿意加大投入打造精品游戏，以及设计人员是否愿意精雕细琢创作高品质剧情。

（2）提升游戏自由度

游戏自由度是指在可扮演角色的外貌、可扮演的种族或职业、可投靠的阵营、可从事的活动、可探索的地域、可观赏的风光、可运用的道具、可经历的剧情、可见识的文化等方面，游戏给玩家设置的选择范围的大小。玩家可选择的范围越大，游戏自由度就越大；反之则越小。虚拟世界中的未知因素越多，就越能引起玩家的好奇心。网络游戏若欲提高优秀文化的传播效果，最好能在游戏制作投资限度内，尽最大可能提升游戏自由度，以期在满足玩家好奇心的同时实现优秀文化传播。

如前所述，当前国产游戏同质化现象较严重。比如在中华传统文化传播领域，多数国产游戏都选择纯武侠题材，这就在文化与职业因素上压缩了游戏自由度；又比如自 2017 年下半年韩国蓝洞公司研发的竞技类网络游戏《绝地求生：大逃杀》火爆以来，国内不少中小型游戏企业蜂拥而上研发大逃杀类游戏❷，不

---

❶ 此处的"厄运之花"是一株丑陋的、可移动的、有攻击性的花，可作为游戏宠物。在网络游戏《魔兽世界》中，地精被设定为很有创造力的种族，但其发明创造很不靠谱，有时甚至相当危险。此处物品介绍将"厄运之花"的丑陋和攻击性归咎于乱用地精肥料，意在讽刺地精产品的低劣品质。

❷ 据 TapTap（一个推荐高品质手机游戏的手机游戏分享社区）归纳，目前国产大逃杀类网络游戏数量已经近百。

仅缺乏新意，也在职业与活动因素上压缩了游戏自由度。近年来个别国产游戏在提升游戏自由度方面有一定进步，比如网易网络有限公司旗下不鸣工作室研发的《战意》不再局限于武侠题材，而选择明代战争题材；玩家既可扮演单打独斗的小兵，也可扮演率领军队的将领；在部分军事文化的选择上自由度很高，玩家不仅能接触中国古代军事文化，还可接触欧洲与中东地区古代军事文化。又比如网易公司的网络游戏《故土》在可从事的活动、可探索的地域、可见识的文化方面赋予玩家更高的自由度，有可能成长为自由度最高的国产游戏。

网络游戏要传播好优秀文化或中华文化，不一定要借助冲突与对抗的宏观历史背景，也不一定要让玩家以侠客或军人身份来体验；完全可以考虑设定相对和平的宏观历史背景，在对抗性剧情与职业以外，让玩家通过和平的甚至相对平淡的活动方式（比如从事普通的生产、交易、社交活动等）进行游戏。只有这样，才能在进一步提升游戏自由度的同时，传播种类更丰富的优秀文化。

（3）增强角色丰满度

在任何游戏中，角色都是游戏的核心因素。游戏角色种类繁多，有动物、鬼怪、神仙、机器人、载具等，但出现最多的角色还是人物。游戏玩家通过扮演某类角色体验虚拟世界，也通过与游戏中的 NPC 互动来感受游戏的交互性。从这一角度看，角色比景观、道具等其他静态因素更能令玩家感受到虚假世界的逼真。因此游戏角色塑造得是否丰满，直接影响到玩家在虚假世界中体会到的"真实感"，进而影响到游戏的娱乐水平。一个擅长于角色塑造的游戏，必定会为重要角色设置好完整且细致的背景剧情以及富有个性的外形、动作、口音甚至用语习惯；甚至有可能为少量"士兵甲""路人乙"之类不起眼的角色增强丰满度，以免让玩家觉得凡是不起眼的角色都是"复制—粘贴"的产物——《魔兽世界》就达到了这个水平。一些国产游戏——比如三国历史题材国产游戏在传播中华文化方面远超《魔兽世界》，但角色丰满度过低严重限制了其传播效果。比如《三国群英传》中，历史上英雄豪杰的全部信息都只有由武力、智力、政治方面的能力数值和头像、技能组成的一小段代码；若干黄巾军将领在《QQ 三国》中只能充当转瞬即逝的炮灰，和其他名为"黄巾弓箭手""黄巾幕僚"的普通角色没有差别。笔者对玩家实施的问卷调查也证明了这一点，被调查者中 54.36% 的成年人和 49.4% 的中学生都认为国产游戏人物形象缺乏个性。笔者通过深度访谈了解到：当玩家觉得游戏中的角色太假时，是不会关心他们的身世、他们的奋斗、他们的情感甚至他们的生死的。

当起义农民与朝廷官军为各自的信念在三国历史题材国产游戏中奋力拼搏、流血牺牲时，他们留给许多玩家的印象可能还比不上《魔兽世界》凭空虚构的阿尔萨斯·米奈希尔。从传播 "正能量" 角度看，重要三国历史人物的价值通常高于纯虚构的阿尔萨斯·米奈希尔。这不仅仅因为前者源自史实而后者缺乏现实依据，还因为前者所承载的优秀文化内容确实远远多于后者。正因个别外国企业愿下大力气包装游戏中的许多角色而许多我国企业满足于 "复制—粘贴"，使很有价值的游戏角色缺乏血肉与生命，进而导致一些国产游戏中优秀文化的传播效果不佳。换言之，网络游戏中非玩家游戏角色的表现究竟是机械呆板的还是丰满生动的，会给玩家带来不同感受，并影响到玩家的游戏体验与文化传播效果。这一现象值得我国游戏制作企业警醒和反思。

2. 以剧情创新改进优秀文化传播

笔者实施的问卷调查显示，被调查者中 55.4% 的中学生和 51.45% 的成年人认为，国产游戏通过剧情传播中华优秀文化的设计未达到吸引他们的程度。因此以剧情创新来改进优秀文化传播十分必要，可考虑的主要途径如下。

（1）扩展剧情选材范围

为保持游戏故事的连贯性，网络游戏尤其是角色扮演类游戏通常会设置一个比较明确的宏观剧情背景，其下设置不同层次的分支剧情背景，最后结合各个游戏任务让玩家了解具体游戏剧情。在外国热门游戏中，游戏剧情既有自行创造的，也有节选现有资料的（包括利用史实、神话传说或者著名典籍、小说）。这两种做法各有优劣。但在国内，游戏企业多节选现有资料作为剧情，而极少自行创造剧情，因为创造一个宏大的、系统的、内涵深邃且引人入胜的剧情所耗费的时间、金钱都很多，难以帮助企业迅速收回投资成本。多数国内企业以中国古代典籍作为游戏剧情来源，虽有省时（立即可用）省钱（不需支付许可使用费）的目的，但客观上确实发挥着非常重要的中华文化传播作用，为实现我国文化建设目标贡献着力量。

当前传播中华文化的国产游戏虽多，但游戏剧情选材同质化现象较严重，很难给玩家带来新鲜感。抛开《金庸群侠传》❶《古龙群侠传》❷之类剧情背景相对含糊的游戏不提，从历史文化角度看，设置明确历史背景的国产游戏大多将其历史背景集于东周春秋战国时期、汉末三国时期、唐朝中后期、清朝。中国历史悠久，可选作游戏历史背景的朝代非常多；哪怕要通过战乱相对较多的历史时期突出游戏中不同阵营的对抗性，可供选择的历史时期也相当丰富，绝不止这四个历史时期可选。不论是宋朝抵御辽、金、夏、蒙古的反侵略战争，还是汉匈战争、明朝抗倭战争，都非常适于作为传播中华文化特别是爱国主义传统文化的游戏历史背景。从神话文化角度看，许多国产游戏热衷于传播《西游记》文化，而忽略了其他神话文化。除西汉《淮南子》记载的盘古开天、女娲造人、后羿射日等著名神话传说外，先秦《山海经》、东汉《风俗演义》、东晋《搜神记》、明代《封神演义》、清代《聊斋志异》等典籍中也有数量惊人的神话故事可资采用。

国产游戏剧情选材过度集中、同质可能跟游戏企业过度压缩制作成本或者害怕引起争议有关。比如宋朝抵御辽、金、夏、蒙古的反侵略战争，其正义性已有公论。但战争涉及的个别民族目前已成为中华民族的一员，有些人担心若在游戏中将宋朝设置为正义阵营而将其敌国设置为非正义阵营易引发民族矛盾，因此在游戏剧情选材时刻意回避任何可能引发争议的历史时期。这种担忧并不合理，也有悖文化创作"百花齐放"的宗旨。笔者认为，国产游戏要传播好中华文化特别是优秀中华文化，必须拓宽游戏剧情选材范围。这不仅是给游戏玩家带来新鲜感的需要，也是国家文化建设的迫切需要。

（2）提升剧情的真实性或合理性

对于理性程度相对较高的游戏玩家尤其是青年与中年玩家而言，优秀文化的真实性或合理性是激发情感共鸣的要素之一，虚构得很不合理的故事在他们眼中属于粗制滥造、不值一哂的作品。在网络游戏领域，正反两方面现象都存在。

---

❶ 中国台湾地区河洛工作室研发。
❷ 深圳金智塔电脑软件有限公司研发。

比如《梦幻西游》的游戏剧情基本上都是游戏设计者虚构的。该游戏以"西游"为名，其剧情却与原著完全脱节。诸如张大妈病了，请玩家去药店买点药带给张大妈；李大伯家的斧子丢了，请玩家帮忙找回；楚姑娘想要金莲花，请玩家找一朵给她之类的剧情故事不计其数。这些游戏剧情确实含有友爱互助的优秀文化内涵，但情节实在过于简陋、枯燥。一些玩家带着对四大名著之一的《西游记》的浓厚兴趣来玩《梦幻西游》，在游戏里不但见不到《西游记》记载的故事，反而要面对一堆无聊剧情，怎么可能还有兴趣进行文化层面的探索？这样的剧情设计，使《梦幻西游》基本上发挥不了对《西游记》中优秀文化的传播功能，只能作为相对简单的"打怪升级"式的娱乐平台。

反之，像《大航海时代 Online》这类游戏就比较注意尊重事实。该游戏曾通过图片和文字简要介绍鼠疫的肆虐威胁整个欧洲与东西方贸易，还专门设计出一段威尼斯检疫官与航海者的剧情对话：

威尼斯检疫官：怀疑你们感染了疫病，因此禁止登陆威尼斯！自今日起 40 天内，不得擅自离开船只！

船员：40 天！开什么玩笑！你没看到我的这些装载吗！你们或许不懂，但我们可是要生活的?！

威尼斯检疫官：……我理解你们的处境。但你们应该也听说了最近发生的疫情吧。我们有理由相信，这种病来自与东方的贸易。你们的同行之中也有很多人因患传染病而倒下吧……这已经不是个人问题了。甚至可以称之为危害世界的重大问题吧……

游戏中关于鼠疫的描述及其提到的威尼斯在第二次鼠疫暴发后采取的卫生防疫措施均可在相关史料中查证核实。14 世纪欧洲曾暴发举世闻名的鼠疫，时称"黑死病"，造成严重危害。1348—1351 年，欧洲有约 2500 万人死于鼠疫，其中威尼斯的死亡人数约为 10 万人。随着欧洲人逐渐了解鼠疫发病机理和传播途径，其卫生防疫措施逐步完善。1374 年第二次鼠疫暴发时，威尼斯率先宣布：无论是已受传染的还是有感染嫌疑的，所有过往客商一律不准进城。此后威尼斯及其他沿海城市逐渐将这些防控鼠疫的卫生措施用法律形式固定下来。❶《大航海时代 Online》于 2005 年开始在中国大陆地区发行。在前些年全球面临新冠疫情严峻威胁的时期，回顾起该网络游戏在 15 年前就开始传播严谨、稳重、将人命置于经济利益之前的卫生防疫文化，不得不说这款游戏的设计者在传播优秀文化方面确实很有前瞻性。

《大航海时代 Online》还在一个名为"难以置信的新航线"的任务中通过玩家和码头官员之间的剧情对话，反映有关英国谋求开辟通往亚洲的、不同于葡萄牙控制的航线以及最终失败的历程。在剧情对话中，码头官员说："西班牙、葡萄牙向东都到达了印度。那我们向北边走怎么样？""在北方也曾经有以印度为目标的英格兰人向北航行。但因为天气过于寒冷，很快就撤退了。根本就是行不通的事。"对话信息体现出当时英国勇于探索的优秀文化。哪怕开辟从北冰洋通往亚洲的航线❷的努力暂时受挫，英国人仍积极尝试其他方法，最终崛起为海上强国。游戏反映的相关内容完全符合史实：因葡萄牙控制大西洋—印度洋新航线，为避免与葡萄牙冲突，英国于 16 世纪下半叶多次试图寻求另一条通往东方的航线，但均未成功，只收集了关于印度的一些经济信息。❸ 正因游戏内容真实程度较高，不少对世界航海文化感兴趣的玩家甚至把该游戏当作新型教程来学习。这无疑有助于优秀文化的扩散。

又比如《剑侠情缘网络版叁》在宏观上属于以唐朝安史之乱为背景，让玩家与国贼、奸臣、军阀、盗匪斗争，传播爱国与侠义方面的优秀传统文化的游戏。游戏中部分剧情符合史实，部分剧情则属虚构。但有些剧情虚构得毫无依据，可能在一定程度上影响玩家体验，比如依照该游戏马嵬驿地图的剧情设计，兵变发生后，杨贵妃在郭子仪协助下假死，并在郭子仪的义子护送下成功逃亡；当玩家去后山查探时发现白绫仍在，但杨贵妃不知所终。这段剧情显属虚构，因为据《旧唐书》记载，马嵬坡兵变期间，兵变士兵杀死杨国忠父子仍不罢休，

---

❶ 何平. 欧洲历史上的大规模传染病 [J]. 文史月刊, 2003 (11)：42-44；高玉宽. 中世纪欧洲鼠疫及其对当时社会经济的影响 [J]. 开封大学学报, 2003 (2)：12-14.

❷ 该航线最终于 19 世纪中叶勉强开通，于 20 世纪 60 年代开始商业运行，被称为"北极航线"。

❸ RAMKRISHNA MUKHERJEE. The Rise and Fall of the East India Company [M]. New York：Monthly Review Press, 1974：67.

要求赐死杨贵妃，于是"上令高力士诘之，回奏曰：'诸将既诛国忠，以贵妃在宫，人情恐惧。'上即命力士赐贵妃自尽。"❶ 当然，文艺创作对史实上的个别细节稍加改动，本无不可。但虚构让郭子仪父子协助杨贵妃逃亡的故事，无法解释、不合常理的缺陷较多，会严重破坏游戏剧情的整体逻辑：①忽视兵变策划的严密性。不论在哪个国家、哪个时期，兵变皆为重罪。马嵬坡兵变不是偶发事件，而是有预谋的策划。兵变者杀死绝大多数杨家权贵，为防范最后一个杨家权贵——杨贵妃以枕头风事后报复，势必要确保杨贵妃死亡。假如兵变者满足于唐皇口头处死贵妃，却不事后确认贵妃已死，致使贵妃潜逃，这种兵变岂非儿戏？《资治通鉴》记载了兵变者收尾时的细致之处："上乃命力士引贵妃于佛堂，缢杀之。舆尸置驿庭，召玄礼等入视之。玄礼等乃免胄释甲，顿首请罪，上慰劳之，令晓谕军士。玄礼等呼万岁，再拜而出，于是始整部伍为行计。"❷ 可见不确认杨贵妃已死，策划者不可能结束兵变。②忽视郭子仪的威望与才能。马嵬坡兵变期间，禁军统兵将领是龙武大将军陈玄礼而非时任卫尉卿兼摄御史中丞、权充朔方节度副大使的郭子仪。游戏设计者虚构郭子仪父子协助杨贵妃逃亡故事时忽略了一个重要问题——郭子仪在军中威望极大且是战功赫赫的天下名将；此人若在禁军，谁敢兵变？③未交代郭子仪救援杨贵妃的动机。假设郭子仪确在禁军且由于某种特殊原因无力制止兵变，他也缺乏救助杨贵妃的动机。于公而言，杨家诸权贵完全以杨贵妃为纽带、靠裙带关系得宠，杨贵妃对他们贪污腐败、祸乱朝政之事不可能不知情。既然知情而不制止，还一直充当杨家诸权贵的靠山，杨贵妃其实确有一定罪责。杨家权贵罪大恶极，处死他们并无不当；杨贵妃既是杨家诸权贵公认的靠山，不将其一并处死必致军心不稳，进而可能危害唐皇安全。郭子仪这种心忧天下、忠于唐室的名将怎么可能置公益于不顾而私放有一定罪责的贵妃？于私而言，杨家权贵对郭子仪从无恩惠，郭子仪又怎么会冒莫大风险去营救贵妃？

反之，《秦殇》以秦末汉初为游戏剧情时代背景，让玩家扶助贫弱、剪除奸佞，传播忧国忧民、除暴安良方面的优秀传统文化。它也存在虚构故事的设计，

其中最关键的情节是：秦始皇死后，嬴胡亥、赵高矫诏赐死嬴扶苏与蒙恬，但蒙恬将军识破阴谋，拼命护卫嬴扶苏逃亡；嬴扶苏从此走上复仇与除奸之路。这段故事奠定了整个游戏剧情的基础，它与史实不符之处主要包括：其一，参与矫诏阴谋者遗漏了丞相李斯；其二，史实中的嬴扶苏自杀了，并未逃亡❶。《秦殇》的两处虚构虽不同于史实，却都有一定的合理性：①李斯为人唯利是图，是否参与矫诏阴谋取决于利益对比。若参与阴谋，可获赵高与嬴胡亥许诺之利，但这是眼前利益；若不参与，因其子李由与嬴扶苏是同门师兄弟且私交甚好，亦可以李由为纽带搞好与嬴扶苏及名将蒙恬的关系，这是长远利益。赵高、嬴胡亥集团的优势是掌控中枢，嬴扶苏、蒙恬集团的优势是手握 30 万精锐秦军兵权。两大集团孰强孰弱，不好一概而论。从这种较为复杂的秦国内部斗争环境来看，李斯最终选择投靠赵高、嬴胡亥集团，参与矫诏阴谋，其实有一定偶然性，而非必然结局。游戏虚构的故事将李斯排除在矫诏阴谋之外，应该也符合李斯的品性。②既是矫诏，难免存疑。蒙恬不仅兵略娴熟，还稳重谨慎，确有一定概率发现疑点。史载："使者至，发书，扶苏泣，入内舍，欲自杀。蒙恬止扶苏曰：'陛下居外，未立太子，使臣将三十万众守边，公子为监，此天下重任也。今一使者来，即自杀，安知其非诈？请复请，复请而後死，未暮也。'"❷ 蒙恬唯一考虑不够周密之处是在嬴扶苏首次自杀未遂后没有妥善派人严密守护，但这也是偶然事件，而非历史发展的必然结局。③嬴扶苏性格存在相对柔弱的一面，但也不乏勇毅，这可从他数次向始皇进谏看出。接受矫诏时尽管蒙恬提出异议，但嬴扶苏的孝顺与悲伤暂时胜过他对蒙恬的信任，才导致自杀。此事也具有一定的偶然性。假如蒙恬能派人周密守护较长时间，阻止其自杀，依嬴扶苏之才应可慢慢发现矫诏疑点，当然不会继续自杀。由此观之，游戏虚构的故事改变了嬴扶苏自杀的结局，不能说毫无道理。对比较熟悉中国古代史的游戏玩家而言，《剑侠情缘网络版叁》与《秦殇》虚构剧情的水平不可同日而语，自然会更有兴趣探究《秦殇》的全部剧情以推演历史发展的另一种可能。从这个角度看，《秦殇》的文化传播品质当优于《剑侠情缘网络版叁》。

---

❶ 《史记·李斯列传》。
❷ 《史记·李斯列传》。

综上，网络游戏传播优秀文化既可反映事实，亦可虚构故事。但在不影响娱乐性的前提下最好还是反映事实；如果必须虚构，亦应具备一定程度的合理性。

（3）精简剧情

玩家的时间精力有限，假如剧情中冗余信息过多，会导致玩家注意力分散，难以集中在需要向玩家传播的优秀文化内容上，从而降低优秀文化传播效果。在这方面，国产网络游戏《梦幻西游》和《阴阳师》形成比较鲜明的对照。《梦幻西游》第一个主线任务"商人的鬼魂"的剧情其实比较简单：建邺城海边闹鬼，危害渔民安全。建邺城李善人心知当年海上遇险时自己曾见死不救，遇难商人死后可能会怨恨自己，觉得这是闹鬼原因，所以每年出资请道士做法事超度鬼魂，但无济于事。老孙头请玩家帮忙解决闹鬼之事。玩家调查后发现鬼魂并不怨恨李善人，只因被一个名为"妖风"的鬼怪控制才害人，于是击杀妖风，彻底解决闹鬼事件。对于如此简单的剧情，游戏居然设置了 14 个环节，让玩家在不同地点反复奔忙。其中许多环节的任务剧情简陋且无趣，比如玩家找道士做法事驱鬼，道士要求吃个王大婶做的包子才愿出力；比如玩家找到王大婶想买个包子给道士，而王大婶需要四叶花给自己生病的孩子入药，要玩家帮自己找来一朵四叶花才肯给包子；又如玩家要向云游商人购买地狱灵芝来给李善人治病，但云游商人不要钱，而要求玩家用一条海毛虫来交换。这些剧情显然不是整个主线任务剧情正常发展所必需的。其中关于王大婶让玩家用四叶花换包子的任务剧情还不合常理，因为四叶花在建邺城中是常见药品，王大婶就算暂时缺钱，完全可以先把包子卖给玩家，再用卖包子的钱购买药品。《梦幻西游》设计这样复杂的任务流程与过度烦冗的剧情信息，恐怕未必是游戏设计者的能力问题，而是为延长玩家在线时间以增加企业经济收益（该游戏按玩家在线时间计费）。从优秀文化传播品质看，因游戏剧情与任务流程过于烦冗，绝大多数玩家只在做任务时记得要到何地找何人做何事，根本不会对游戏剧情整体上蕴含的知错能改、扶助危困、除暴安良等优秀文化内涵留下深刻印象。反之，《阴阳师》中的多数剧情情节紧凑，所涉环节、人物很少。比如安倍晴明为证明小白的清白而跟随犬神调查雀（犬神的好友）被吞掉一事。他们直接来到雀失踪的地方，发现是九命猫所为，随后击败九命猫。整个剧情涉及的人物不超过 5 个、环节极少，从而使剧情信息高度凝练。玩家无须阅读冗余信息，就有很多精力关注含有优秀文化的人物对话，哪怕任务结束，仍有可能对安倍晴明的公正、严谨、勇敢留下深刻印象。

可见，要提高优秀文化传播品质，游戏设计需尽量做到以玩家为中心，精炼游戏剧情，把好的故事真正讲好。

3. 优秀文化传播不应破坏游戏公平

正如前文所述，网络游戏的"人民币玩家"和普通玩家之间存在不公平问题，不利于弘扬社会主义核心价值观，甚至可能妨害国家文化建设。比如国产西游系列网络游戏中，"人民币玩家"对战普通玩家永远战无不胜。这种游戏内部制度相当于在虚拟世界中建构一个比现实世界还残酷的世界——这个世界缺乏基本公平，决定谁能够成为"人生赢家"的唯一因素就是看谁花钱多，游戏技巧以及在游戏中付出的其他努力都不起作用。与外国游戏相比，国产游戏虽然在传播中华文化方面更有优势，但在公平性方面通常表现较差。产生这种现象的主要原因在于：除游戏制作成本相对较低的手机游戏外，我国企业的单项游戏投资一般低于外国企业尤其是美、韩、日等游戏强国的企业，导致国产游戏无论在内容上还是形式上都处于相对劣势，进而导致国产游戏收费通常明显低于外国游戏。为在短期内快速增收，我国不少企业就开始高价出售游戏道具、游戏角色等级等各种附加商品或报务。❶ "人民币玩家"们只要肯大额消费，就可不用练级而直接达到游戏中的最高等级，就可获得在对战中轻易碾压普通玩家的游戏道具，还可获得极大提升游戏便利性的其他贴心服务。这种创收模式有时会因未成年玩家非理性的过度消费而引发经济纠纷。从长远来看，它还会使国内外游戏玩家产生这样一种印象，即中国游戏比外国游戏更唯利是图、更缺乏公平，从而破坏中国游戏的整体形象，在未来损害中国游戏行业的市场利益。

关于如何增加游戏创收，又不致破坏游戏公平，目前比较可行的方法有：

（1）尽量不让出售的游戏道具影响游戏角色性能。笔者对个别游戏玩家进行深入访谈时，曾有位 11 岁女孩反映：玩《生死狙击》时，初始角色都是男性，不太好玩。她希望该游戏能提供充值服务，让她花钱买个外观漂亮的女性初始角色，以后就不必用男性角色玩游戏了。还有位 40 岁女玩家说："我就是个颜值

---

❶ 刘宝强. 国内手游过度资本化 热钱或年底逃离 [N]. 第一财经日报, 2014-5-13 (A11).

控，玩游戏也是这样。那些丑的再强也不玩。"不仅如此，在笔者对游戏玩家的问卷调查中，63.3%的中学生和52.47%的成年人均认为"游戏角色漂亮"是其选择游戏的重要标准，在若干游戏选择标准中其重要性仅次于"画面精美"。这种玩家心态为游戏企业在不破坏游戏公平的前提下增加创收指示了最优方案，即：游戏道具只改变游戏中若干外观因素，不改变游戏角色性能，从而不会导致"人民币玩家"与普通玩家之间实力失衡。《魔兽世界》就经常通过出售坐骑创收。这些坐骑千奇百怪，很受一些《魔兽世界》游戏迷欢迎；《魔兽世界》的玩家聚集地常可见到个别玩家往来驰骋，炫耀自己拥有的珍稀坐骑。但不论坐骑多么昂贵，它们都无法改变玩家角色性能，也就不会破坏游戏公平。《大航海时代Online》出售改变船帆与船体图案的道具、《坦克世界》出售改变坦克迷彩涂装的道具，均属最优方案。有些企业在游戏中出售少量改变游戏角色性能的道具，只要对游戏角色性能的改变幅度很小，对游戏公平性破坏程度很低，通常也不至于对国家文化建设造成不良影响。比如《坦克世界》出售一种更容易击穿敌方坦克的炮弹。但这种炮弹对"人民币玩家"实力提升幅度不大，游戏技巧强的普通玩家仍可轻易击败拥有这种炮弹的"人民币玩家"。又如《王者荣耀》出售的很多游戏角色皮肤虽然有些存在属性加成，但对角色实力影响不大。

（2）合理运用植入式广告。植入式广告在影视剧中比较流行，在网络游戏中刚刚起步。《魔兽世界》为玩家锻炼烹饪技能提供的众多食谱中，有个食谱就叫"星飞克浓缩咖啡"，这显然是星巴克咖啡的植入式广告。在笔者实施的问卷调查中，当问及"看到游戏中出现'星飞克浓缩咖啡'这一段文字时，您会不会联想到'星巴克咖啡'？"的问题时，被调查者中68.1%的中学生和77.18%的成年人选择了肯定的回答。网络游戏植入式广告也是一种不会破坏游戏公平的创收方式，值得我国企业学习。中国悠久历史给后人留下的许多文化遗产迄今仍是著名品牌，比如贵州茅台、北京全聚德、天津狗不理等；当然改革开放后也涌现出不少著名的民族品牌，比如华为、比亚迪、老干妈等。在网络游戏中适当植入民族品牌广告既可增加创收，又可传播中华文化，是一种良性创收策略。

（3）隔离性能或等级差别较大的游戏角色。在网络游戏中经常出现这种现象：累积游戏时间长的老玩家游戏等级高，累积游戏时间短的新玩家游戏等级低；由于新老玩家等级差异太大，容易导致两者对战时毫无公平可言。为维护游戏公平，诸如《坦克世界》《战舰世界》之类的游戏就采取"分房"法强制隔离等级差异较大的玩家。这类游戏为所有玩家开创不同的"房间"，只有等级相近的玩家才可能被分到同一"房间"展开对战，从而彻底杜绝不公平现象。诸如《魔兽世界》《大航海时代 Online》之类的游戏则采取"分区"法非强制隔离等级差异较大的玩家。这类游戏拥有极其广阔的游戏区域，并将游戏区域分成适合不同等级玩家活动的许多区域。高等级玩家虽然也能去低等级区域活动，但在低等级区域没有收益或收益极低。这种设置必然导致绝大多数高等级玩家只愿意去高等级区域而不愿去低等级区域，从而间接避免等级差异过大的玩家相互竞争。

国产游戏特别是传播较多优秀文化的国产游戏通过上述方式恢复游戏公平，不仅能避免损害追求公平的道德文化，还能通过出售有中国特色的游戏道具或提供植入广告服务顺带传播中华文化，实现一举多得之效。

至于形式设计方面可实施的改进，主要是将优秀文化与高品质视听相结合。

在问卷调查中，笔者发现多数游戏玩家对自己从未接触过的新游戏的首要选择标准是游戏的视听品质。当被问及"您选择游戏的理由包括哪些?"时，被调查者中 75.2% 的中学生和 70.35% 的成年人均选择了"画面精美"选项。这意味着哪怕一款游戏在内容设计方面稍有缺陷，仅凭高水平的视听品质，它也能比同时期发行的其他同类游戏吸引到更多游戏玩家。优秀文化含量相对较高的游戏要与市场上的其他游戏争夺游戏玩家，就必须加大投入，有效提升游戏视听品质，让玩家在获得高水平休闲娱乐享受的同时接受优秀文化熏陶。

笔者对游戏公司研发人员深度访谈后了解到，当前"优秀文化含量越高越不受市场欢迎"现象反映的主要问题有一部分是技术问题，还有一部分是投资信心问题。目前网络游戏制作已不需从头到尾编写代码，而是用专业游戏引擎制作，既可在一定程度上提高制作质量，又可大幅减少制作时间。现在名气较大的游戏引擎包括美国 Valve 公司研发的起源引擎、美国艺电公司旗下 DICE 游戏工作室研发的寒霜引擎、美国 Unity Technologies 公司研发的 UNITY 引擎和美国艺铂游戏公司（Epic Games Inc.）研发的虚幻引擎。中国企业如果想使用这些美国公司研发的引擎制作游戏，哪怕未受美国政府恶意限制的影响，亦须先获得美国公司许可，再交一笔并不便宜的使用费。获得优质引擎的许可使用并不意味着一定能制作出优质游戏——假如中国企业的游戏设计人员技术能力尤其是引擎技术运用能力较差，那么哪怕中国企业与外国企业用同一款引擎制作游戏，中国企业制作的游戏作品也有可能与外国企业的游戏作品存在很大差异。正因提升游戏视听品质成本高且存在一定风险，多数中国企业不太愿意将资金投到游戏的视听品质上，而宁可继续沿用早已过时的游戏制作技术，制作视听品质极其低劣的游戏。

要解决上述问题，最关键的办法是由中国企业尽快研发出高品质国产游戏引擎。中国游戏企业在资金上通常难与外国著名游戏企业争锋，只有让中国企业用上国产游戏引擎才有可能大幅降低游戏制作成本并有效提升游戏视听品质。当然，能够熟练运用各种游戏制作技术的专业人员的培养亦须关注，中国游戏制作行业不能永远依靠"半路出家"或"自学成才"者支撑。

4. 意识形态的区分传播

社会主义意识形态是当代中华优秀文化的核心组成部分。假如能够通过网络游戏有效实现社会主义意识形态的对内对外传播，无疑是实现我国文化建设目标最有力的举措。众所周知，社会主义意识形态在当今世界并非强势文化，敏感性很强；虽然近年来中国国力的迅速增长令世人对欧美文化的认同度有所下降，但中华文化取得类似于欧美文化的强势地位的时间尚未到来。在这种情况下，传播社会主义意识形态必须讲策略；依据不同情况，在传播上有所区分。

（1）在国内外市场上的区分传播

基本上任何国家都面临不同程度的国家文化发展问题。但由于资本主义文化是世界上的强势文化，导致在当今全球文化整体格局中，西方发达国家处于攻势地位，而中国处于守势地位。中国面临的文化入侵压力较大，政府相关主管部门对网络游戏文化内容的审核自然也就比发达国家更为严格。当然，把关的严格程度是动态发展的。欧美国家对网络游戏的把关本来不如中国那么严格，但出于对中国正在取得的成就的忌妒与对欧美发达国家原有优势地位逐渐丧失的担忧，出现像对待孔子学院或者华为那样对待中国网络游戏的现象，并非绝无可能。因此若通过网络游戏传播社会主义意识形态，必须把国内与国外（尤其是发达国家）当作完全不同的两类市场，区分对待。

①在国内市场以各种适当方式传播主流意识形态

作为一种大众传播活动，网络游戏可以传播多种文化；意识形态理所当然也属于其传播内容之一。在我国国内市场，不论是外国游戏还是国产游戏，当然都可以自由地传播社会主义意识形态。国内外游戏企业在我国国内市场上应承担起最低限度的社会责任，那就是不能在游戏中传播与社会主义意识形态相冲突的其他文化内容。同时，我国政府应该大力鼓励国内市场上网络游戏对社会主义意识形态的有效传播，即社会主义意识形态相关内容不会妨害娱乐性的网络游戏文化传播。

社会主义意识形态在国内文化市场上有很长的传播历程，大多数国内玩家对此早已习惯，不会抵触社会主义意识形态在网络游戏中的传播。目前面临的主要考验是如何令游戏蕴含的社会主义意识形态不妨害游戏应有的娱乐性，甚至增强游戏的娱乐性；次要考验则是如何通过游戏设计真正全面地、深刻地体现社会主义意识形态，而不只是简单地赋予游戏一个爱国主义❶名称和为玩家设置一个中国共产党领导的阵营。近十余年来，国内有些企业开始尝试制作以社会主义意识形态为主要内容的游戏，但总的来说不太成功。比如成立于 2001 年的北京欢乐亿派科技有限公司曾宣布要发行三款抗战题材游戏，并分别于 2003 年、2004 年发行《抗日：血战上海滩》《抗日：血战缅甸》这两款游戏，但其销售状况很差；该公司也于 2012 年注销。此后，深圳中青宝互动网络股份有限公司继续发行抗战题材游戏《抗战》《亮剑 2》，但同样不太受市场欢迎。比如就是否接触过爱国主义题材游戏的问题进行问卷调查，笔者发现被调查者中 81.3% 的中学生和 88.52% 的成年人未接触过任何一款爱国主义题材游戏。之所以如此，既有客观原因，也有主观原因。

客观原因主要是：一方面，国内对盗版的打击力度还有待提高。由于国内市场盗版活动较为猖獗，我国游戏企业很难从广义网络游戏销售上盈利，肯定会损害这些企业投资、研发广义网络游戏的积极性。但需要说明的是，在国内市场上与前述抗战题材游戏同期发行的外国广义网络游戏，其销售状况与国产抗战题材

---

❶ 社会主义核心价值观重要内容之一是"爱国"，因此宣扬爱国主义理应属于社会主义意识形态的传播内容。

游戏存在天渊之别。这有可能表明：哪怕国内广义网络游戏市场未受盗版重创，这些抗战题材游戏受市场欢迎的程度也远远低于同期发行的外国游戏。另一方面，同为现代军事题材游戏、抗战题材游戏在内容设计方面本来就受到较多限制。限制之一在于阵营选择方面：侵华日军从事的是非正义战争，游戏设计者当然不能允许玩家选择日军阵营；国民党军队在抗战过程中不但常以消极抗战保存实力、以积极反共排除异己，还败多胜少，允许玩家选择国民党军队阵营也不太合适；最后只剩下共产党军队阵营可供玩家选择。限制之二在于战争规模与重型武器方面：抗战期间，共产党领导的军队的单兵战斗力通常弱于日军，所以常以偷袭、伏击方式频繁地与日军进行小规模战斗，很少与日军开展大规模的正面战役；同时，由于当时中国缺乏重工业基础，共产党自身的军工实力也很弱小，导致共产党军队完全没有飞机、坦克与大口径火炮，在重型武器方面只拥有少量机枪以及口径较小的火炮。为不违背史实，游戏设计者不可能在抗战题材游戏中让处于共产党军队阵营的玩家使用各种威力巨大的重型武器"过把瘾"，也不可能常常虚构出漫无边际的军队发起冲锋的壮观场景。与同时期发行的其他"二战"题材游戏相比，国产抗战题材游戏在刺激程度上自然会显得严重不足。

主观原因主要是：一方面，游戏设计者对此类新题材游戏信心不足，根本没投入大量资源打造精品。国产抗战题材游戏与同时期发行的其他国内外游戏相比，总是存在这类缺陷：内容空洞，游戏剧情极其简单甚至根本不设置剧情；容量较小，游戏场景、关卡都比较少，游戏地图相对较小；形式简陋，游戏图像效果基本上都比同时期发行的热门游戏低一个档次；技术水平较低，游戏程序存在较多故障且长期不进行修正。这些缺陷的存在并不表明我国游戏企业无力制作高水平游戏；只是我国游戏企业更愿意向武侠、玄幻、历史题材之类的传统游戏领域投资，导致国产精品游戏都集中在这些领域。另一方面，严重缺乏创新。抗战题材游戏在整个游戏市场上都属于新事物，本应加大创新力度充分挖掘其独特的优秀文化内涵，并力求使之与新颖的玩法相结合，努力提高娱乐程度，但当前国产抗战题材游戏都存在较明显的急就章痕迹。为在短期内完成制作、发行工作，设计者基本上放弃创新，直接模仿若干同时期热门游戏的式样进行各类设计，又因技术水平的确存在一定差距，最终往往使抗战题材游戏变成某种热门游戏的

"低档版"。比如《抗日：血战缅甸》模仿 2002 年美国 Digital Fusion 公司发行的广义网络游戏《抢滩登陆战 2002》的痕迹就相当明显，《抗战》《亮剑 2》则近似于 2001 年韩国 Actoz Soft 软件公司和韩国 Wemade 娱乐有限公司共同发行的《传奇》。如果说一般性内容与形式的模仿最多使玩家感到无趣的话，那么某些特殊领域的胡乱模仿恐怕就是在歪曲史实了。比如《抗战》的游戏设计者对抗战时期中国共产党军队的军纪可能缺乏了解，又急于模仿其他类型军事题材游戏作品中的若干"套路"，居然在抗战题材游戏中鼓励玩家分享恋爱题材截图，并将这类截图当作游戏的宣传资料[1]，实为一大败笔。又比如不论是《抗战》还是《亮剑 2》都存在对传统武侠类游戏过度模仿的问题，以至于在现代军事题材网络游戏中大量设置冷兵器道具。《亮剑 2》给玩家设置的 6 个可选职业中，居然有 3 个职业使用的是大刀和长矛，占可选职业的半壁江山。《抗战》也设置了不少使用冷兵器的职业，其中"刀手"职业因练级便利而备受欢迎，导致一到游戏中的玩家聚焦地区，往往会看到多数"八路军战士"手持大刀。这种设置容易令人误以为中国军人主要依靠冷兵器抵抗侵华日军。事实上，虽然抗战期间中国军队武器装备水平远逊于日军，但在一般情况下，热兵器还不至于短缺到多数中国军人都用不起的地步。哪怕是在抗战早期的 1939 年，八路军和新四军基本上都不缺热兵器，部队反映的主要问题是许多枪支老旧、破损却得不到更换，而不是无枪可用。[2] 抗战期间，在中国正规军内部，大刀之类的冷兵器只是少数部队在特殊情况下使用的辅助武器，绝大多数抗战军人还是使用热兵器实施对日作战的。

面对现状，政府相关主管部门应当强化版权保护的执法力度，为优秀国产网络游戏的生存与发展开拓必要空间。更重要的是，政府应该鼓励、扶持真正有志于传播社会主义意识形态的游戏企业投入大量人力、资金、时间，通过全面创新来打造若干精品游戏，力求让真正传播社会主义意识形态的国产游戏能够在国内热门游戏排行榜上实现零的突破。

---

[1] 17173 网. 网络游戏版天仙配剧情〈抗战〉式革命情侣秀 [EB/OL]. (2009-08-27) [2020-04-16]. http://news.17173.com/content/2009-08-27/20090827101605572,1.shtml.

[2] 臧运祜. 八路军、新四军的武器装备 [C]. 中国人民抗日战争纪念馆专题资料汇编，上海：上海人民出版社，1993：156.

笔者认为，可用于传播意识形态的题材很多，未必只有抗日战争或者国内革命战争之类的战争题材。社会主义、共产主义的最大优势是能够促进生产力更快发展，从而更好地解放人类。这意味着和平环境下的生产建设与幸福生活才是展现社会主义、共产主义意识形态优势的最佳题材。多年来，受影视、文学等领域的大量文化产品影响，国内广大受众对社会主义意识形态的优越性已有一定认知，但宣传共产主义意识形态优越性的文化产品很少，导致受众对此缺乏了解。之所以如此，主要原因之一是共产主义社会的科技水平、生产能力远超当代，有些文化产品表现力有限，无法展现这一点；有些文化产品虽能展现丰富的想象力，却无法给受众带来直观感受。网络游戏却拥有其他文化产品都不具备的优势，它既能以较低成本容纳几乎无限的想像空间，又能让受众通过多媒体直观感受大量信息，甚至能让受众通过在虚拟空间的自主行动以及与其他人物的互动，体验一种全新的社会形态与生活方式。具体说来，关于共产主义社会生产力高度发达、物质产品极大丰富的预见，目前难以实现，却极易展现于网络游戏中。

在场景与道具设计方面，游戏可让玩家目睹一望无际且宏伟壮观的机械之城、无穷无尽的生产流水线和永不停歇的机器人，让玩家在未来最尖端的生产力环境中体会到当生产力高度发达后所有体力劳动和缺乏创造性的低层次脑力劳动都由机器人与人工智能垄断、人类只从事创新和探索的全新的社会劳动结构形态。在内部制度设计方面，游戏的生产劳动制度应基本杜绝玩家从事探索和创新以外的劳动的可能性，让玩家逐渐感受到象征未来共产主义社会劳动的虚拟世界中的虚拟劳动不再是谋生所需、不再带有任何隐性强制，而真正成为全面提升人的素质、全面满足人的精神需求的重要手段，甚至让玩家在一定程度上体会到劳动与休闲娱乐的区分在未来社会形态中如何趋于模糊。

同样地，多数游戏内部制度亦须创新，尤其是合作分配制度、劳动报酬制度与交易制度。当前多数游戏内的合作分配制度、劳动报酬制度与交易制度体现的价值观念主要是"利益均衡、公平交换"，本质上仍是财产私有制的衍生观念。在这种制度及其蕴含的观念下，玩家的很多虚拟劳动（比如打怪、挖矿、采药、制造、押镖、破案、救援等）本质上都是虚拟谋生手段，即以虚拟劳动换取虚拟货币，再通过交易各种虚拟食物、药品、装备、技能等来满足在游戏中的生存需求。而要让玩家体验共产主义社会形态的生活方式，就得通过设计新的游戏内部制度体现劳动作为人的本能以及人全面发展的需要。在这种思想指导下，游戏制度细节或许可做如下改动：第一，以其他制度替代多数游戏中的劳动报酬制度，以使虚拟劳动在游戏中不再作为谋生手段，比如可考虑借鉴《魔兽世界》的成就系统。成就不能换取任何事物，除满足玩家自己的成就感外并无其他利益，但仍有不少玩家追求达成某些成就。第二，以其他制度替代多数游戏中的合作分配制度与交易制度。比如玩家在合作探险中获得若干物品，应统一按需分配；哪怕个别玩家在合作中做出的贡献显然大于他在此次合作中获得的物资收益，应通过其他制度（比如成就制度等）予以平衡。当玩家删号（相当于死亡）或由于其他原因不再需要某些虚拟财产后，玩家所占有的虚拟财产不再删除，也不允许交易，而直接赠予确需该虚拟财产的其他玩家或返还到所有玩家皆可无偿提取财产的公共仓库（一些网络游戏中的"公会仓库"就具备所有公会成员均可无偿提取财产的特点）。更重要的是，当玩家需要某些财产时，应能从 NPC 处或玩家公共仓库处无偿获取。只有进行全面的游戏内部制度创新，才有可能让玩家深刻体会到生产力高度发展对私有制根基的颠覆性影响。当然，许多游戏企业都习惯于把冲突与战争作为吸引玩家并促使玩家不断提高游戏角色实力的基石。假如担心缺乏对外冲突可能导致游戏吸引力不足，可考虑以人类文明与外星文明的冲突作为游戏背景，以满足部分玩家对冲突中蕴含的刺激因素的需求。

综上，以网络游戏传播意识形态的途径多种多样。有志于承担起更多社会责任的游戏企业应大胆创新，尝试以各种适当方式在国内市场上传播好主流意识形态。

②在国外市场以适当方式间接传播主流意识形态

假如能通过网络游戏向国外市场尤其是资本主义国家市场传播我国的主流意识形态，从我国角度看，当然是有利于我国文化建设的，但进口国很可能不会持相同观点。因此一般不应要求我国游戏企业在用于出口的游戏版本中加入意识形态内容，以免遭到进口国抵制。但若能找到适当方式，间接地在游戏中传播我国的主流意识形态，这种做法仍应受到鼓励。需要强调的是：一方面，意识形态问题在国际关系领域相对敏感，所以我国企业出口的游戏若包含意识形态内容，一定要选择适当方式，尽量不要直白地呈现意识形态，而是以类比、影射等方式间接呈现。另一方面，当游戏中存在代表着社会主义与资本主义两种阵营冲突时，阵营设置方案最好不要令玩家只能加入一个阵营，也不要只允许游戏中存在这两种阵营，而应在两种阵营外设置其他允许玩家加入的阵营，以免引发外国玩家的猜疑。长期以来，现代军事题材策略类游戏往往只设置两个阵营，即社会主义国家（以苏联为代表）和被西方认为受苏联控制的若干国家阵营、资本主义国家（以美国为代表）阵营，导致游戏的意识形态冲突色彩极其浓厚，进而使此类游戏容易受到进口国玩家的排斥及其政府的管制。美国艺电公司研发的游戏《命令与征服：将军》在这方面提供了有创新价值的构思：在两大阵营外设置第三方阵营（比如恐怖组织阵营），用于缓和原本两大阵营的冲突，在一定程度上减少游戏的意识形态冲突氛围，试图以此减少游戏进口国的排斥态度。这款游戏在试图进入中国大陆市场时，因丑化中国政府和军队形象问题被禁售，但这种添加第三方阵营的游戏设置方案未受到中国政府批评，仍有一定借鉴价值。我国含有意识形态内容的游戏如果要开拓资本主义国家市场，哪怕仅以间接方式表现意识形态冲突，如果游戏中只存在代表社会主义与代表资本主义的两方阵营，确实有可能像其他国家发行的同类游戏一样受到严厉管制甚至被禁售，因此在这类游戏中添加第三方阵营甚至更多阵营是必要的。

（2）不同内容的意识形态的区分传播

当前所谓意识形态及其衍生的意识形态冲突，主要是指资本主义意识形态、社会主义意识形态及它们之间的冲突。由于当代资本主义国家与社会主义国家都较为强大且冲突相对剧烈，导致这两种意识形态的冲突在全世界都比较敏感，进而导致含有意识形态的文化产品在出口到异质意识形态国家的市场时较易受到管制。但是意识形态整体上具有敏感性，并不意味着所有意识形态内容都很敏感。无论是资本主义意识形态还是社会主义意识形态，都具有反对奴隶制度、反对封建制度的内容。这类两大阵营拥有共识的意识形态的传播，通常不会受到进口国的排斥。《大航海时代4》就存在这样的游戏剧情与相关任务：当玩家扮演中国航海家李华梅时，游戏会安排其与倭寇产生冲突，并发放击败倭寇的任务。玩家设法击败倭寇后，游戏会给予名为"东亚霸者之证"的奖励。倭寇之乱代表的不仅仅是海盗与劫掠，还代表当时日本封建制度的失败与明朝中后期封建制度的腐朽。无论是当代社会主义国家还是资本主义国家，都会主张倭寇的非正义性并认可抗倭的正当性，因此不论在作为该游戏发源地的日本还是在作为该游戏进口国的中国，对游戏所包含的关于抗击倭寇、批判作为倭乱根源的封建制度的意识形态都能够接受。《大航海时代4》还设计了若干抨击奴隶制和殖民主义的游戏剧情与相关任务：在西非有一个以贩卖黑奴为主要业务的葡萄牙航海家埃斯皮诺莎，沿海地区许多黑人居民对其恨之入骨却无力反抗。玩家一旦进入西非附近海域，就会接到消灭埃斯皮诺莎所拥有的航海势力的任务，完成后可获得名为"非洲霸者之证"的奖励。此外，游戏专门设计了一个美洲印第安人与西班牙殖民者混血后代——女性航海家蒂雅，作为玩家可选择的扮演角色之一。她本为西班牙殖民者的翻译，曾利用殖民势力的内部斗争，依附于一支西班牙殖民势力开展航海贸易，但也饱受剥削，内心充满对殖民者的愤恨。在游戏剧情中，蒂雅与殖民者斗智斗勇，其势力逐渐壮大，最终不仅在美洲海域驱逐了西班牙殖民势力，还将非洲海域的葡萄牙殖民势力一并驱逐。无论是当代社会主义国家还是资本主义国家，对奴隶制度、贩奴活动与殖民主义均持否定态度，因此游戏中有关批判奴隶制度、殖民主义的意识形态同样不会受到任何国家的排斥。国内热门游戏《魔兽世界》也常在任务剧情中批判封建制度的弊端。比如其西部荒野部分任务详细描述了范克里夫的悲剧。在任务剧情中，暴风城王国的国王瓦里安虽然贤明，但仍对国内存在的一些严重问题缺乏了解。趁他外出巡视领地时，潜藏在暴风城贵族内的敌人奥妮克希亚蓄意挑起贵族议会与石匠工会的矛盾，拒绝向辛苦工作的劳工发放工程款。随着平民与贵族的矛盾日益激化，同情石匠工会的王后死于意外，以范克里夫为首的石匠工会成为官逼民反的范例，最终沦为抢劫过往商队的强盗"迪菲亚兄弟会"。范克里夫本人在后续任务中被接受任务的玩家杀死，他所领导的"迪菲亚兄弟会"也一度被剿灭。范克里夫的悲剧至少反映出封建制度的两大弊端：一是等级特权。在剧情中，哪怕国王和多数贵族都较为贤明，他们仍是等级特权制度的坚定守护者，不会认为平民与贵族、王室拥有平等地位。因此当同情石匠工会的王后在与石匠工会成员交涉时意外死亡后，国王根本不给石匠工会任何申辩机会，立即严厉镇压石匠工会。因为在国王和贵族眼中，王后一人的生命远比石匠工会所有成员的生命都珍贵。二是民意上传困难。奥妮克希亚是潜伏在暴风城王国贵族内部的敌人，她挑拨平民与贵族之间矛盾的手段其实并不高明，却轻易得逞。这与封建制度环境下不同社会阶层之间信息沟通困难❶存在直接关系：国王不想压榨劳工，却不了解工程款被截留之事，一直以为作为劳工代表的石匠工会只是无理取闹。石匠工会原本只想通过和平请愿索取劳工应得的工程款项，在因王后意外死亡而被镇压后，却以为这是国王和贵族为吞没大量工程款所设下的阴谋。国王与石匠工会都对对方的行为动机产生严重误解，在封建制度下没有任何正常沟通渠道，从而使悲剧成为必然。又比如其破碎群岛过渡剧情以及盗贼职业者的神器任务剧情都严厉批判封建制度下贵族和官员权力过大、缺乏监督与制约的弊端。破碎群岛过渡剧情展示了：因少数暴风城贵族、官员投靠恶魔势力，使大量恶魔渗透进暴风城，甚至连王室的贴身守卫——皇家卫兵都被恶魔渗透，并最终引发暴乱。盗贼职业者的神器任务剧情也描述了因暴风城若干官员叛变，导致其下属领地夜色镇中很多忠于国王的官员和卫兵被错误杀害。显然，游戏设计者想通过这些剧情揭示：封建制度下贵族和官员权力过大，对贵族和官员的监督又形同虚设。因此不论国王是否贤明，只要有个别贵族和官员叛变，就必然造成非常严重的破坏。由于当代社会主义国家与资本主义国家的意识形态都一致反对封建制度，所以《魔兽世界》中那些反封建色彩浓重的剧情尽管也属于意识形态，却可在各个国家通行无阻。

与前述事例形成鲜明对比的是，有些游戏以非常直白的方式抨击资本主义弊端。比如法国 Black Sheep studio（害群之马工作室）研发的游戏《巨型政客》以美国总统竞选为主题，让玩家扮演总统候选人游走拉票，通过各种肮脏手段压制对手，尽可能提高自身影响力，最后成功入主白宫。在游戏中玩家不仅需要预算好时间和金钱尽力说服选民，还可制造丑闻和八卦抹黑竞争对手，其目的在于向玩家传播其在游戏介绍中明确指出的观点："谁说政治运动是干净的？"又如英国 Alexey Bokulev 等多个工作室共同研发的策略类棋牌网络游戏《地精公司》蕴

❶ 封建社会集权主义传播模式特征之一，信息从封建上层权力中心向下层被统治阶级传播较为便利，但被统治阶级则很难自下而上进行信息传播。这种传播模式导致封建社会不同阶层之间信息交流困难。参见李磊. 外国新闻史教程［M］. 北京：中国传媒大学出版社，2008：6-8.

含着更为深刻、复杂的意识形态内涵。抛开游戏中蒸汽朋克风格的虚拟世界和地精这种虚拟种族不谈，其游戏剧情向玩家展现了资本主义世界的腐败、黑暗和堕落。玩家在游戏中扮演不同职业的地精，为金钱、选票和权力争斗不休，而争斗手段全都卑鄙无耻：偷窃资源、索取贿赂、栽赃陷害、操纵选举。该游戏非常擅长通过话语设计表现资本主义制度下的各种异化现象，比如其中的地精政治家认为："选票即金钱！选票能换来我所要的一切。"这句话简明扼要地揭示了资本主义民主制度下许多政治家的根本目的不是解决公共问题，而是只想骗取选票获得权力，进而通过权力解决自己的私人问题。地精乞丐期待："穷可不一定是坏事，连厄运都不愿意造访你，更从来不怕犯事儿，局子里可不供我这种穷人吃闲饭……大家一起破产才好，均贫社会啥时候才能到来？"这句话既揭示了严重贫富分化环境下穷人的困苦生活，也批判部分穷人的心态被畸形社会环境所扭曲，以致身处困境后不思进取，却对全社会满怀憎恨。这些游戏不完全符合资本主义国家的主流意识形态，其制作者、发行者的言论自由能在资本主义国家获得保护与他们都是英国、法国公民有关，也与这些游戏的影响力不大有关。在当前国际游戏出口市场上，向资本主义国家出口游戏的中国企业身份相对敏感，如果要通过出口游戏传播意识形态，恐怕不适于直接效仿这些游戏。

（二）游戏运营策略

尽管我国游戏企业对运营环节的重视程度通常会高于设计环节，但要传播好优秀文化，还可酌情借鉴以下经验。

1. 以产品或产业融合扩大整体影响

单一文化产品或文化产业的影响或许有限，实践经验表明多种产品或产业融合发展有时能发挥更好的效果。因此我国政府试图通过制度创新推进文化产业的融合发展。近年来征求意见及审议的《中华人民共和国文化产业促进法（草案送审稿）》❶ 拟在法律层面打通文化产业与相关产业融合之路。该草案第八条规定：国家鼓励文化产业与科技及其他国民经济相关产业融合发展，拓展文化产业发展广度和深度，发挥文化产业在国民经济和社会发展中的重要作用。

---

❶ 张绵绵. 中华人民共和国文化产业促进法（草案送审稿）［EB/OL］.（2019-12-13）［2020-03-15］. http://www.npc.gov.cn/npc/c30834/201912/e9c9d9677e444915af5a945a11cdf728.shtml.

在我国有关部门布局产业融合道路之前，国内外游戏产品与其他文化产品的融合就已发展了一段历程。仅 1993—2014 年，美国好莱坞就制作了 31 部由游戏改编的电影。当前名气最大的同类作品是由美国游戏《魔兽世界》改编的美国电影《魔兽世界》。该片于 2015 年 6 月 8 日在中国大陆公映，截至同年 6 月 14 日，票房累计达 11.18 亿元人民币，高于当年绝大多数国产大片票房。该片热播甚至再度令"影游互生"概念被热炒。在国内，2006 年曾开播一部电视剧《热血传奇之毁灭之王》和一部电影《生死格斗》，分别改编自国产游戏盛趣信息技术（上海）有限公司的《热血传奇》以及上海盛大网络发展有限公司与日本TECMO 公司合作研发的网络游戏《生死格斗 Online》。2011 年开播的电视剧《剑侠情缘之藏剑山庄》改编自金山软件股份有限公司研发的网络游戏《剑侠情缘网络版叁》。2013 年 10 月 11 日，第十一届中国国际网络文化博览会在北京开幕。网博会上，游戏产品与其他文化产品的合作相当深入，影视、书籍、动漫、游戏等文化产品呈现"立体融合"趋势。❶ 国内游戏企业中，深圳市腾讯计算机系统有限公司、上海盛大网络发展有限公司、北京完美世界股份有限公司等是在文化产品"立体融合"方面布局较早的企业。比如完美世界股份有限公司布局纵横中文网、积累影视资源、获取《射雕英雄传》《神雕侠侣》《倚天屠龙记》《笑傲江湖》等多部金庸小说正版授权。早期布局为 2013 年完美世界股份有限公司发行网络游戏《笑傲江湖》奠定了坚实基础。又比如 2013 年 1 月，腾讯游戏与日本知名动漫出版社——集英社进行版权合作，获取《火影忍者》《航海王》《龙珠》《阿拉蕾》等 11 部经典漫画的电子版权合作协议，联手推出跑酷类、射击类、消除类等题材的网络游戏。❷

相较于游戏产品与其他文化产品融合的红红火火，游戏产业与其他产业的融合起步较晚且进展较慢。近年来有一定实践经验的融合模式是游戏产业与 VR 产业的融合。当然，这种融合的成熟程度还有待提升。至于游戏产业与电子皮肤的融合前景，目前还处于摸索阶段。

---

❶　千龙网. 网博会呈现文化"立体融合"［EB/OL］.（2013-10-13）［2020-04-10］. http://news.cqnews.net/html/2013-10/13/content_28209065.htm.

❷　刘胜枝. 网络游戏的文化研究［M］. 北京：北京邮电大学出版社，2014：40.

且无论游戏产业与诸如科技产业、教育产业等其他产业的融合障碍能否迅速消除，至少在游戏产品与其他文化产品融合领域，我国企业还是有不少值得关注的实践。以腾讯为例，为增强其著名作品《王者荣耀》的文化传播力，塑造勇担社会责任的企业形象，该企业曾专门为《王者荣耀》制作了两个周边产品：一个关于中国古诗词的系列动漫短视频节目《荣耀诗会》和一个关于若干古代著名人物的历史讲座节目《王者历史课》。抛开讲座上一些观点引发的争议不谈，《王者历史课》在生动、趣味、深入浅出方面确有不俗表现。至于《荣耀诗会》，因形式相对单调、视频画面与诗词内容关联度较低等缺陷，其影响效果比不上《王者历史课》。国产游戏在产品融合、产业融合领域还有很大的拓展空间，在这方面，国内外一些先行者的经济教训都很有借鉴价值。

2. 令狭义网络游戏与广义网络游戏相互映衬

研发广义网络游戏，使之与狭义网络游戏相互映衬，相互帮助对方提升影响力，已成为游戏行业相当成功的运营模式。例如日本荣光公司分别于 1990 年、2000 年发行《大航海时代》《真·三国无双》系列广义网络游戏，在培育出庞大的忠实消费群体后，才分别于 2013 年、2008 年发行狭义网络游戏《大航海时代 Online》《真·三国无双 Online》。美国暴雪娱乐公司也是分别在 1994 年、1996 年、1998 年发行广义网络游戏《魔兽争霸》《暗黑破坏神》《星际争霸》，历经十余年发酵，才分别在 2004 年、2012 年、2010 年发行狭义网络游戏《魔兽世界》《暗黑破坏神 3》《星际争霸 2》。北京金山办公软件股份有限公司于 1997 年发行广义网络游戏《剑侠情缘》，2003 年起陆续发行《剑侠情缘网络版》系列狭义网络游戏。此外还有中外合作之例，比如美国 New World Computing 公司曾于 1995 年发行广义网络游戏《魔法门之英雄无敌》。该公司于 2003 年被法国育碧娱乐软件公司（Ubisoft Entertainment）收购。此后中国福州天晴数码娱乐公司获得法国育碧公司授权，在《魔法门之英雄无敌 3》基础上研发出狭义网络游戏《英雄无敌 Online》，并于 2009 年发行该游戏。其中，将该模式运作得最出色的或许是美国暴雪公司的《魔兽争霸》与《魔兽世界》。作为广义网络游戏的《魔兽争霸 2》为作为狭义网络游戏的《魔兽世界》打下良好市场基础，使《魔兽世界》未发行时就备受瞩目，发行后立即成为全球热门游戏；而《魔兽世界》的流行又反哺《魔兽争霸 2》，进一步提高了该游戏的市场份额。在 2008 年 2 月，《魔兽争霸 2》登上北美地区 PC 游戏畅销排行榜榜首。❶ 同年 4 月，《魔兽世界》在大型多人在线角色扮演游戏中的市场占有率达 62%。截至 2008 年年底，全球的《魔兽世界》付费用户已超过 1150 万人，并成功被收录进《吉尼斯世界纪录大全》。❷

这些事例给予的启发是：除了以其他著名文化产品为平台来提高一款新游戏的知名度，还存在一种用著名的旧游戏来提高一款类别不同但内容基本相同的新游戏的知名度的途径。由于游戏制作技术发展的客观原因，以往的游戏企业都是先研发一款广义网络游戏，待其技术成熟且吸引到较多玩家后，再研发一款内容基本相同且名称相同或相似的狭义网络游戏。现在，游戏制作技术领域的阻碍已经消失，游戏企业也可以考虑以狭义网络游戏为广义网络游戏"铺路"的尝试。无论以哪种方式运作，对于网络游戏中的优秀文化传播而言，这种运营模式都颇具优势。一款优秀文化含量高的游戏未必会深受市场欢迎，为降低风险，游戏企业可在广义网络游戏与狭义网络游戏中选择成本相对较低者先行制作，将其作为市场"问路石"。若先期发行的游戏市场前景看好，游戏企业可将该游戏作品修改完善，既开拓市场，又为另一种游戏的发行"预热"。这样就可确保新发行的另一款游戏能够迅速热销。一旦两种优秀文化含量较高的游戏在市场上互为对方提升知名度并培育忠实玩家群体，游戏企业不仅能收获经济利益，也能更好地履行文化建设的责任。

3. 根据受众细分定位游戏

我国游戏企业发行文化品质高的游戏，向玩家传播优秀文化，不仅要针对青少年玩家，也要适当考虑儿童玩家与中老年玩家。要做到这点，就需细分受众、细分市场，据此定位游戏。在此基础上，才有可能针对不同受众特点，在不同的游戏中糅入不同的优秀文化内容。腾讯公司执行董事、总裁刘炽平认为，不断增加的玩家需求不再单一，包括武侠、科幻、休闲、益智、竞技、格斗等，开拓细

❶　17173 网. 北美 2 月份游戏畅销榜 魔兽世界高居榜首［EB/OL］.（2008-03-19）［2020-04-15］. http://news.17173.com/content/2008-03-19/20080319184359296.shtml.

❷　刘胜枝. 网络游戏的文化研究［M］. 北京：北京邮电大学出版社，2014：21.

分市场才能达到目的。❶

目前国产网络游戏主要是针对青少年或成年人研发的，适合儿童接触的游戏很少，只有《迷你世界》《我的世界》《蛇蛇争霸》等，适合中老年人接触的游戏几乎没有。原来的中老年人接受新娱乐方式的概率可能不太高，因此国内企业不怎么热衷于研发中老年人游戏。但随着时间推移，从 20 世纪 90 年代开始迷上网络游戏的那代青少年会逐渐成为中老年人；新一代中老年人应该不会排斥网络游戏，只是对游戏的需求可能发生一些转变。面对现状，游戏企业要进一步扩展优秀文化传播面，便应丰富儿童游戏种类，在增加优秀文化含量的同时强化益智功能；还可考虑及早布局中老年游戏，在增加优秀文化含量的同时强化排遣寂寞、舒缓心情的心理调理功能。

4. 灵活开拓国外市场

让优秀文化、中华文化"走出去"，提升外国玩家对中国文化的认同，也是我国文化建设的重要内容。不过，中国游戏的海外运营也存在短板。深圳市腾讯计算机系统有限公司互动娱乐 PC 游戏平台部产品总监王伟光说"让不同国家地区用户在使用产品时都能有一个很好的体验，这是我们面对的最实际的挑战。"一款游戏的海外运营要面临不同国家间文化、历史、喜好、法规、文字等的巨大差异；很多国内优势如社交关系等，在海外需从头做起。❷ 在当前以美国为首的一些国家刻意打压"中国制造"的情况下，有关中国游戏企业在国外市场打造开放、协作、创新的全球游戏平台的设想恐怕无助于保护中国企业的正当权益。要灵活开拓国外市场，更好地对外传播中华优秀文化，主要需注意以下两点。

（1）文化内容适度本土化

网络游戏公司要跨出国门走向世界，首先要注意文化内容的适度本土化，在认真了解东道国文化的基础上决定如何适当调整游戏产品的文化内容。笔者认为，适度本土化并不意味着每向一个国家出口游戏，就必须删除游戏内的中华文化内容，而只传播东道国文化。这既是因为中国企业未必比东道国企业更擅长传播东道国文化，且制作全新游戏作品或大幅修改原有的国产游戏会耗费较多成

❶ 龚昱. 网络游戏：警惕过速衰退 [J]. 软件工程师, 2009 (9)：10-18.
❷ 彭训文. 国产游戏"抱团出海"正当时 [N]. 人民日报：海外版, 2018-8-31 (10).

本；也是因为这种做法不利于满足外国玩家对中华文化的好奇，不利于通过满足外国玩家的好奇传播中华文化甚至提高外国玩家对中华文化的认同度。正如外国游戏进入中国市场时并未因为文化差异就改为以传播中华文化为主，依旧通过满足中国玩家对异质文化的好奇而成为热门游戏一样，中国游戏进入国外市场仍应保持中国特色。适度本土化的目的不是让中国游戏在文化内容上全面倒向东道国，而只是面对中华文化传播不足的当地市场，尽力帮助外国玩家消除文化差异障碍，促使其在游戏中顺利完成对中华文化的认知。

具体来说，中国企业可考虑根据东道国市场的文化特点决定游戏文化内容的重心。如果东道国市场隶属中华文化圈或者受到中华文化的较大影响，那么所出口的游戏就可以以中华文化为主要内容。比如北京完美世界股份有限公司进入越南、马来西亚等国市场时，该公司总裁萧泓就说过：国内的玄幻以及武侠题材游戏之所以在东南亚颇具人气，主要原因在于该地区深受中国文化的影响。[1] 不过，如果东道国文化迥异于中华文化，那么所出口的游戏恐怕需要尽可能多地融入东道国文化元素。《王者荣耀》国际版在泰国、越南之类的东南亚国家市场表现不俗，但在美国、欧洲市场却稍显乏力，主要原因之一还是文化差异过大，西方玩家对于中国历史人物、典故以及若干特殊概念完全缺乏认知。为此，《王者荣耀》国际版也不得不做出改变，以联动美国漫画、参考希腊神话的方式加入更多西方特色英雄，修改游戏画风使其更符合欧美玩家审美，才让游戏慢慢在欧美市场占据一席之地。[2] 在笔者看来，《王者荣耀》国际版因适应欧美市场而做出的改动有过度之嫌；游戏出口初期令中西方文化相互掺杂，后期再设法逐步提高中华文化所占比例才更符合中国游戏出口的客观规律。同时，凡向资本主义国家尤其是发达国家出口的游戏，其文化内容最好不涉及当代意识形态问题；如果某款游戏确实适于安置若干涉及当代意识形态的文化内容，最好以间接的、隐晦的方式表现，以免受到市场抵制。

当然，出口游戏文化内容的本土化没有固定模式可资借鉴，这需要游戏企业

[1] 邱智丽. 中国游戏霸屏东南亚 [N]. 第一财经日报，2017-8-4 (A07).

[2] 徐佩玉. 游戏出海，扬起"中国风" [N]. 人民日报：海外版，2020-2-4 (06)；段倩倩. 英雄互娱 CEO 吴旦：未来五年中国将成游戏最大内容输出者 [N]. 第一财经日报，2017-11-6 (A08).

根据具体的游戏类型和具体的出口市场慢慢摸索。笔者实施的问卷调查结果显示，外国游戏进入我国游戏市场所做的游戏文化内容本土化也不全是成功的。比如被调查者中 58.9% 的中学生和 44.91% 的成年人均表示，外国游戏中运用的熊猫或功夫等中国元素对他们没有吸引力。

（2）与国外知名企业合作

除了文化内容的适度本土化，出口游戏的部分运营环节可能也需要适度本土化，以加速扫清国外市场上的发行障碍。运营环节本土化最重要的方式之一，其实就是与国外知名企业合作，共同推广出口游戏。近年来在这方面表现较突出的出口游戏，应首推北京智明星通科技有限公司发行的《列王的纷争》。该公司在多个国家都拥有长期合作的运营推广商，极大增强其出口游戏推广的针对性，其《列王的纷争》曾成为 2016 年中国海外手机网络游戏中收入最高的产品。此外，广州易幻网络科技有限公司也擅长与 Facebook（现名 Meta）、Google、Twitter（现名 X）、Line、Kakao 等国外知名企业合作，在国外市场共同运营中国手机网络游戏。❶ 传播优秀文化或中华文化的国产游戏若遇到较多的出口障碍，亦可考虑借鉴此类经验。

二、对内培育中华文化自信、对外展现中华文化底蕴

游戏界有一种观点，认为游戏故事、背景无关紧要。比如上海巨人网络科技有限公司的创立者史玉柱主张：“我觉得故事背景最大的作用就是给将来打广告做宣传的时候找由头。在网络游戏里，我觉得故事背景不重要。”❷ 笔者不赞同该观点。就如同黄色新闻一样，不注重故事、背景，不注重文化内涵的游戏或许能凭借绚丽的外观或者破坏游戏公平、一味迎合玩家低级需求而流行一时，但终究还是会因缺乏内涵、无法满足玩家更高层次的精神需求而衰落。一言以蔽之，这类游戏基本上是只重经济效益、完全不考虑社会效益的范例之一。

在网络游戏中只传播优秀文化是不够的，因为国家文化建设的根本目的其实

---

❶ 宫玉选，郭靖. 中国动漫游戏海外发展报告（2018）［M］. 北京：社会科学文献出版社，2018：29-32.

❷ 薛强. 赛博空间里的虚拟生存：当代中国电子游戏研究［M］. 上海：复旦大学出版社，2018：31.

在于保障本国人民对本国文化的认同以及争取外国人民对本国文化的认同，而让国内外人民了解到本国文化中含有较多优秀因素只能为这一根本目的的实现奠定基础，却无法在短期内让国内外人民认为本国文化已与其他国家的强势文化同样优秀。为此，网络游戏还须传播大量"中性"中华文化尤其是中华传统文化，通过展现深厚的文化底蕴弥补国内外人民心目中可能存在的中华文化与其他国家强势文化之间的差距。唯有如此，网络游戏文化传播才有可能为在短期内保障好本国人民的文化认同以及争取外国人民对中华文化的认同贡献力量。要实现该目标，网络游戏的内容与制度皆需创新。

（一）游戏内容创新

在网络游戏中加强对中华文化尤其是中华传统文化的传播，以夯实中国国家文化建设的社会基础，一直是中国游戏行业践行"讲好中国故事"社会职责的主要路径之一。该领域的主要尝试是"国风游戏"，即中国风格的游戏，主要是指蕴含大量中国元素并与现代流行趋势结合的游戏类型，是传递中华传统文化的良好载体。2019 年腾讯研究院发布的《国风重光·国风游戏发展研究报告——中国传统文化在游戏领域的转化与创新》报告显示：1990 年的《轩辕剑》是中国第一款国风游戏，此后我国国产游戏以国风游戏为主；2003 年《梦幻西游》《剑侠情缘 Online》引导国风游戏向武侠、游仙类题材延伸；2008 年国风游戏生态基本形成；2013 年以后，国风游戏的发展速度受到了挑战，开始落后于游戏行业整体水平。❶

面对挑战，2019 年 3 月在北京召开的"中华传统文化在游戏领域的转化与创新"研讨会上，人民网新媒体智库高级研究员、人民在线副总编辑刘鹏飞认为：游戏在文化承载媒介方面的重要性日益突显。随着我国国际影响力提升，海外玩家对中华文化也越来越感兴趣，承载中华文化元素的游戏产品在各国日益受到青睐。中国艺术研究院助理研究员邰高娣表示，优秀的传统文化需要传播和普及。游戏作为吸引年轻人关注传统文化的平台，有其独到的优势，但这种传播形

---

❶　游戏与传统中国的"花火"［N］. 新民周刊，2019-8-12（31）；杨虞波罗，杨波. 国风游戏研究报告：中国传统文化在游戏领域的转化与创新［EB/OL］.（2019-02-18）［2020-03-15］. http://game. people. com. cn/n1/2019/0218/c40130-30761005. html.

式需要提炼和转化，除了让游戏有娱乐性，更要有文化属性。❶

具体而言，网络游戏中中华文化传播内容的创新，可着重考虑以下几方面。

1. 中国器具文化

包括服装、饰物、载具、容器、餐具、文具等在内的器具，不仅是文化活动的产物，也是文化的载体。在网络游戏中展示大量器具，相当于向玩家传播与其相关的物质文化。当前国产游戏特别是国产的国风游戏在传播中国器具文化方面贡献很大，但传播形式较为单调，可考虑借鉴以下创新形式。

（1）以虚拟考古方式大量展现古代器具

多数网络游戏传播器具文化，都是通过摆设或者让玩家使用等方式接触相关器具。这种展示方式与现实生活并无区别。有少数游戏以虚拟考古方式让玩家接触相关器具，不仅增强了器具文化传播的娱乐性，还有可能强化玩家对相关器具文化的认知。比如《魔兽世界》就设置了非常有趣的考古活动。该游戏玩家可赶赴特定地区，使用游戏赋予的"考古"技能寻找文物碎片；当文物碎片积累到一定数量时，即可拼接成完整文物，同时获得经验、技能等方面的奖励。该游戏的考古活动耗时较长，考古过程中还经常需要清除附近若干"野怪"，但因最终获得的文物中可能包含一些非常有趣的游戏道具，还是能吸引不少玩家参与；但其传播的器具文化完全是虚构文化，让玩家接触这类文化只对游戏企业具有少许商业价值，却没有任何现实价值，这是该游戏设计上的一项缺陷。不同于《魔兽世界》，《大航海时代 Online》设置了真正具有现实价值的虚拟考古活动。该游戏同样让玩家在虚拟世界中各个地区探寻文物，其中的精品文物可存放到虚拟世界中的法国巴黎凡尔赛宫，从而使玩家获得文化贡献度以及任务报酬提升等方面的奖励。值得注意的是：《大航海时代 Online》并不虚构文物，它让玩家探寻的文物的外观以及对文物的文字说明全都是真实的。虚拟考古不仅能使玩家大致了解真实考古所经历的耐心探寻与细致拼接、修补等环节，甚至还能使玩家了解到许多真实文物的简要信息，其实已成为一种寓教于乐的器具文化传播方式，很有借鉴价值。中华文明历史悠久，各种历史价值极高的文物多不胜数。如果国产游

---

❶ 钟传. 如何让中华传统文化在游戏中"活起来"？[N]. 中国民族报，2019-3-8（11）.

戏也能以虚拟考古方式传播丰富多彩的中国特色器具文化，应当能取得更好效果。

（2）改变器具用途以增强娱乐性

器具在虚拟世界中的"超常规"运用有时会带来较好的娱乐效果。比如中国仙侠文学作品经常描述神仙脚踏利剑、葫芦或者花篮等器具翱翔蓝天，其本意是要表现神仙们神通广大，却在有意或无意间通过改变一些器具的原有用途展现了丰富的想象力，满足了受众的休闲娱乐需求。一些热门网络游戏也展现出同样天马行空的想象力。比如风筝是原产于中国的、富有中国特色的器具。长久以来，其常规功能是玩具，极少数特殊情况下也可用于通信。《魔兽世界》中的潘达利亚大陆被设计为以中国文化为主要特色的地区。有中国特色的器具在该地区数不胜数，其中就包含风筝。不过《魔兽世界》中的风筝既非玩具，亦非通信工具，而被创造性地改成了将玩家从某一地点运送到遥远的另一地点的航空载具。绝大多数中国玩家对风筝的应有功能相当熟悉，因此《魔兽世界》对风筝的这种运用方式尽管不符合事实却不会误导玩家，反而让一些玩家反复端坐于风筝上飞来飞去且乐此不疲，增强了这一器具文化的娱乐性。其中蕴含的创新思维颇值借鉴。

（3）改变器具使用时代或场景以增强新鲜性

在虚拟世界中改变器具的使用时代或者使用场景，有时也会增强新鲜性，给玩家留下更深刻的印象。以服装为例，当今世界最流行的服装其实属于欧系服装，包括西装、衬衣、直筒裤、领带、皮鞋等；哪怕是中国的中山装与日本的诘襟服，都留有不少仿效西装的痕迹。欧系服装之所以能成为主流服装，既与近现代以来欧美文化伴随着欧美国家的强大而不断扩散有关，也与此类服装在不影响运动与美观之间达到一个相对较好的平衡点有关。但一般情况下，东亚人穿西装往往不如欧美人那么美观；反之，欧美人穿中国的汉服或日本的和服往往不如东亚人那么协调。这或许表明不同民族的服装各具特色，从审美角度看一个民族的服装往往更适合本民族或长相近似的其他民族穿着。一些日本人在工作时穿欧系服装，而在休闲、散步、参加传统节日活动时穿和服。这或许是一种缓解前述问题的良好办法。相比之下，中国特色民族服装的普及比较困难，导致一旦在人群密集的公共场所出现身着中国特色民族服装者，路人往往会因新鲜感甚至怪异感而频频注目。当然假如中国特色民族服装大量且频繁地出现在街头巷尾，路人的新鲜感或怪异感将会逐渐减弱甚至消失。在这种环境下，致力于传播中国传统文化的游戏设计者可考虑将中国特色民族服装大量"移植"到现代甚至未来背景与场景的游戏中使用（意即民族服装可以不限于古代环境中穿着），既能通过增强新鲜感提升游戏吸引力，也有一定概率提高玩家对中国特色民族服装的心理适应程度，进而为中国服装文化在现实世界的推广构建良好的社会环境。

2. 中国景观文化

中国地域广阔、河山壮美，值得观赏的自然风貌与人文景观不计其数，含有许多非常值得传播的地理文化与物质文化。笔者实施的问卷调查显示，玩家对网络游戏传播中国传统景观文化给予较高评价，被调查者中 76.4% 的中学生和 65.7% 的成年人都认为游戏中的中国传统景观对其具有吸引力。在传播中国景观文化方面，有些游戏进行了很有意义的创新尝试，比如《剑侠情缘网络版叁》在虚拟世界中高仿真地还原现实世界中的少林寺塔林与甘肃敦煌月牙泉；《剑灵》则几乎再现了张家界风景。

这种创新的特点在于：它可让玩家"亲自"观赏中国自然风貌与人文景观，还可对月牙泉之类濒临消失的景观进行较为逼真的数据保存——哪怕某一珍稀景观消失于现实世界，它仍可以较高的仿真程度在游戏中永存。与那些全虚构的景观相比，这种创新无疑具备更强的现实意义与更好的文化传播品质。当然，由于技术方面的限制，目前很少有游戏设计者能做到对某一景观的等比例还原。倒是《我的世界》的少数忠实玩家愿意花几年时间精雕细琢，以搭积木方式做到了对现实世界某一景观的等比例还原。这或许意味着对景观文化在虚拟世界的高仿真还原方面，游戏设计者还需要不断提高其技术水平，争取达到更好的传播效果。

3. 中国节庆文化

节庆是各国人民认知与认同本国、本民族文化的重要活动。随着西文东渐，国内热衷于庆祝欧美节日却对中国传统节日缺乏了解的年轻人增多；观诸欧美，庆祝中国节日者基本上是海外华人，欧美白人对中国节庆多为旁观，并不参与。如果要在中国人内部树立文化自信，甚至要让中华文化被国外的其他种族、其他民族认可，那么这恐怕是一个需要正视并优先解决的问题之一。网络游戏恰好是传播中国节庆文化的优秀平台。自从 21 世纪初个别热门网络游戏在虚拟世界中举办节日庆典以来，这种以庆典方式在游戏中传播节庆文化并为游戏聚拢人气的做法开始在其他游戏中缓慢扩散。无论是传统的元旦、春节、元宵、中秋、万圣节、圣诞节、复活节还是现代的六一、国庆、建军节、情人节、愚人节、母亲节、父亲节，都有游戏企业在虚拟世界中设计过相关庆典。但总体上看，传播节庆文化的游戏属于少数。要传播好中国节庆文化，我国游戏行业还需继续推广这种游戏内的节庆活动。当然，不论节庆的内容还是形式均需创新，以免引发新的同质化现象。具体而言，虚拟世界内对有中国特色节日的庆祝范围还可扩大，不论是带有政治属性的党的生日，还是带有商业色彩的"双十一"，都可开展庆典。此外，庆典的方式也可推陈出新，不必局限于发放节日纪念品、聚餐、歌舞等形式，还可开创其他庆典形式。如果说一般节庆活动所蕴含的信息量相对较小的话，那么以有奖问答方式让玩家回答与所庆祝的节日有关的知识，可能会给玩家留下更深刻的印象。《魔兽世界》曾于 2017 年 11 月 16 日至 30 日开展魔兽世界十三周年纪念活动。活动中，玩家会收到游戏研发团队发送的"周年礼物"，并可参加一系列节日活动。其中的核心活动就是有关魔兽世界虚拟历史的有奖问答。该问答活动被包装成一个名为"有趣的时代"的任务，要求玩家在暴风城的皇家图书馆与历史学家勒洛尔见面或者在奥格瑞玛的精神谷与历史学家吉帕见面，通过对话回答关于魔兽世界的虚拟历史。问答活动看似枯燥，但因奖励丰富，在活动时间内仍吸引了数量惊人的玩家参与。通过问答活动让玩家识记虚拟历史对于培育忠实玩家、增加该游戏商业利益有一定价值，在现实世界中则意义不大。不过，这种做法值得中国游戏设计者借鉴。假如以相同方式在游戏中传播包括中国节庆文化在内的各种文化知识，还是非常有现实意义的。

4. 中国文化核心理念

文化产品可以传播几乎所有类型的中国文化，不论是景观文化、风俗文化还是器具文化、艺术文化。但人们应该意识到：它们仅仅涵盖中华文化的表层与中层，并未触及中华文化的核心层。在长期文化传播特别是对外文化传播过程中，诸如孔子、汉语、长城、瓷器、京剧、春节、茶叶、中餐、少林寺、北京故宫、苏州园林等文化形象声名远播，已成为中国文化、中国形象的品牌与名片❶。从整体上看，中国文化与中国形象的塑造以传统的物质文化为主，较少涉及中华文化核心理念❷。但是，传统的物质文化只是中华文化的"末"，中华文化核心理念才是中华文化的"本"。如果不能让受众认知甚至认同作为"本"的中华文化核心理念，就很难使其认同整个中华文化。❸ 所以习近平同志在联合国教科文组织总部演讲中指出："对待不同文明，不能只满足于欣赏它们产生的精美物件，更应该去领略其中包含的人文精神；不能只满足于领略它们对以往人们生活的艺术表现，更应该让其中蕴藏的精神鲜活起来。"❹ 中华文化传播的内容，恐怕需要逐步从以表层和中层文化为主向以核心层文化为主转变。❺ 网络游戏中的文化传播也应注意这一问题。

但是，传播中国文化核心理念的难度非常高，不是在游戏中随意张贴诸如"和谐""仁""礼"之类的几个汉字就行的。不论是对于文化理解力相对薄弱的青少年玩家还是对于存在较大文化障碍的外国玩家，要让网络游戏内含的中国文化核心理念浅显易懂又不失娱乐性，一般只能通过在游戏剧情中"讲故事"实现目的。在这方面，有些国产游戏已有初步尝试。比如《剑侠情缘网络版叁》就通过非玩家游戏角色——万花谷药王孙思邈与玩家的对话，展现过"医者父母心"的医家理念。目前这种传播中国文化核心理念的尝试还相对粗浅，还存在传播面窄、传播量少等问题，仍需继续探索。结合调研情况，笔者认为网络游戏在创新中华文化核心理念传播方式时可能需要注意以下四点。

（1）审慎解读与区分对待

包括诸子百家理念在内的很多中华传统文化，能够促进社会进步的内容往往只是其中一部分。其中的另一部分不符合当代社会发展潮流，甚至有可能不符合

---

❶ 胡晓明. 国家形象 [M]. 北京：人民出版社，2011：97.

❷ 夏云. 论总体国家安全观视野中的文化安全 [J]. 扬州大学学报（人文社会科学版），2014（5）：25-30.

❸ 程伟. 国家文化安全问题研究——基于改革开放以来社会意识变动的视角 [M]. 北京：人民出版社，2017：255.

❹ 习近平. 出席第三届核安全峰会并访问欧洲四国和联合国教科文组织总部、欧盟总部时的演讲 [M]. 北京：人民出版社，2014：15-16.

❺ 谢晓娟. 论对外文化交流中的中国国家形象 [J]. 当代世界与社会主义，2012（3）：17-21.

其所处时代的社会发展潮流。例如，墨家宣扬的兼爱、非攻理念，如果只是片面地、粗浅地解析这两个词，会觉得相当美好。但更全面地归纳墨家理念后，就会发现："兼爱"是一种不分阶级、不分敌我的几乎无原则的博爱观，不符合马克思主义阶级观；"非攻"基本上是一种不分正邪、不分是非的反进攻性战争观，不符合支持正义战争、反对非正义战争的马克思主义战争观❶。哪怕从其所处历史时期的具体环境观察，光靠"节用"不可能让贫民摆脱衣食无依的困境，光靠"非攻"也根除不了各国权贵的扩张野心。这种非常理想化的理念缺乏充足的、更有操作性的措施支持而成为空中楼阁，因而汉朝后迅速消逝。不过墨家宣扬的节用、节葬、非命、尚贤理念以及重视逻辑、尊重自然规律的理念，则属于在任何时代都相当先进的文化思想。即使墨家消亡，这些先进文化也会由其他主体以其他方式不断宣扬、永远流传。

在网络游戏中传播中华文化核心理念，需要审慎解读、区分对待：只要不是违背社会发展潮流的内容，其传播不受限制。至于违背社会发展潮流的内容，则视受众具体情况，可适当区分传播。区分传播的主旨在于：对于人生观、历史观、价值观相对成熟的受众，网络游戏应在有所批判的前提下展现相关理念，使受众开阔视野、增长见识；对于人生观、历史观、价值观很不成熟的受众尤其是未成年受众，网络游戏可能不宜使其过早接触这些违背社会潮流又较难理解的理念。

（2）通俗而不媚俗

原原本本地解读中华文化核心理念，易令受众觉得枯燥乏味，以浅显易懂的方式解读甚至往其中加入趣味性、娱乐性因素，使高高在上的文化理念通俗化，才有可能吸引更多受众。这也正是以网络游戏传播中华文化核心理念的必由之路。然而网络游戏可以以风趣幽默的方式传播中华文化核心理念，但不应时时、事事幽默，因为有些理念只适合在庄重严肃的场合传播；网络游戏传播中华文化核心理念时可以用恋人间的悲欢离合吸引受众、引发共鸣，但不应往多数游戏剧

---

❶ 马克思主义者将战争分为正义战争和非正义战争。一切进步的符合人民群众和民族根本利益的战争都是正义的；反之，都是非正义的。马克思主义者支持正义战争，反对非正义战争。参见曲钦岳. 当代百科知识大词典［M］. 南京：南京大学出版社，1989：303.

情中都生硬塞入爱情故事；网络游戏传播中华文化核心理念时可以偶尔恶搞，但恶搞是把双刃剑，不宜过多使用。游戏设计者对于文化传播的通俗形式一般较为熟悉，但需防范走上媚俗之路。

（3）适当悬疑引发思考

以简单明了的方式传播中华文化核心理念，通常最符合多数玩家的心理特点。不过对某些存在较多争议的内容设置适当悬疑，也能引发玩家的好奇与思考。对于网络游戏这种非常强调娱乐性、不可能耗费太多信息资源用于解读较为复杂的文化理念的文化产品，通过游戏剧情把复杂的特别是争议较大的文化理念问题揭示出来，让玩家自己思考，才最容易深化游戏的文化内涵。比如《魔兽世界》的破碎深渊玛顿地区有个名为"加入伊利达雷：破坏魔"的任务。该任务要求玩家打开三个传送门，以召唤军队消灭敌人；但每次使用传送门都必须将强大的灵魂灌入传送门激活器，获得灵魂的唯一办法是杀人。玩家设法打开第一个传送门时，传送门附近有许多敌人，杀死一些敌人就能获得足够的灵魂；完成这个任务不会给玩家造成心理负担。玩家设法打开第二个传送门时，传送门附近只有玩家自己和一个身负重伤、即将死亡且自愿献出生命的战友，必须杀死他才能获得足够的灵魂；完成这个任务有可能导致部分玩家心理不适。玩家设法打开第三个传送门时，传送门附近只有玩家自己和一个长时间与玩家并肩作战、能力强大且身体完好的战友，必须自我牺牲或者杀死战友才能获得足够的灵魂；在完成这个任务之前，有不少玩家陷入沉思、久久不能决断。这个任务剧情的设计非常巧妙，分别通过游戏任务的三个环节向玩家提出三个伦理问题，并且不对问题本身或者玩家的选择进行评价，以层层深入的悬疑方式逼迫玩家思考人性。这三个伦理问题的大前提是：敌人是邪恶的，消灭敌人完全符合正义。而问题之一是：敌人之所以邪恶，原因之一是他们肆意操纵他人的灵魂；如果玩家杀死敌人后也操纵敌人的灵魂，那么玩家与玩家的敌人有什么不同？问题之二是：个人利益是否在任何情况下都应当在集体利益面前无条件退让？具体而言，一个对正义阵营忠心耿耿、为正义事业做出重大贡献且付出巨大牺牲的战友，是否不应获得救援并享受战后的荣誉，而必须为正义事业奉献到底，把自己的生命甚至灵魂都奉献出来？问题之三是：不同个体的个人利益是否存在高低之分？具体而言，玩家与玩家的战友都为正义事业做出过同样重大的贡献，能力同样强大且拥有完全相同的继续存活的机会，那么在必须牺牲其中一人的情况下，怎样选择才符合人性？为加深玩家对这些问题的印象，《魔兽世界》还设计其他任务，继续对玩家进行伦理拷问。比如破碎群岛地区有一个系列任务，可帮助玩家见证伊利丹·怒风的成长经历。伊利丹·怒风是游戏中一个著名的非玩家角色。他天赋强大，按照正常方法锻炼却始终达不到可与高阶恶魔对抗的水平，于是决定学习高阶恶魔的能力，用恶魔的手段来对付恶魔。而恶魔手段的邪恶性常常体现在伊利丹·怒风在击杀高阶恶魔之前，不得不先杀死一些己方的低阶战友来积累足够的灵魂能量。伊利丹·怒风选择的成长道路不论在虚拟世界中还是在现实世界中都注定要引发争议。在虚拟世界，尽管伊利丹·怒风消灭了许多恶魔，但正义阵营的领袖坚持认为伊利丹·怒风身上的恶魔力量是邪恶的，时刻策划着剥离他身上的恶魔力量。在现实世界，部分玩家也在经历关于伊利丹·怒风的系列任务后陷入疑虑：为实现正义目的，是否可以不择手段？毫无疑问，这些问题会引发玩家的思考。对于前述第一、第二个问题，或许存在"主流"答案；对于前述第三个问题以及由伊利丹·怒风的经历引起的问题，恐怕连"主流"答案都不存在。许多玩家未必能够想清如何正确解答这些问题，但只要玩家开始思考，游戏设计者就实现了他的目的——帮助玩家接触复杂的文化理念。

无论是义利之争、礼法之争，还是王霸之辩、华夷之辩，中华文化核心理念当中总是存在许多引人深思的问题。哪怕在某一历史阶段看似出现了"定论"，随着时代的演变，"定论"往往被后人所质疑或否定，致使关于这些问题的争论不断延续。在网络游戏中传播中华文化核心理念，没有必要刻意回避这些充满争议的问题。相反，模仿前述《魔兽世界》中的巧妙设计，适当以悬疑方式引起玩家共同思考，带动玩家自发寻求这些问题的答案，才更能体现中华文化核心理念的魅力。

（4）在出口游戏中尽量考虑通过古代剧情实施传播

社会主义文化有相当一部分脱胎于中华传统文化，从而导致两者的部分重叠。例如富强、和谐、公正、爱国、敬业、诚信、友善之类的文化理念，既可归属于社会主义核心价值观，亦可归属于中华传统文化。在设计出口游戏时，对于某些中华文化内容，游戏设计者面临两种选择：或者将其设置于现代剧情中，作为当代社会主义文化的组成部分；或者将其设置于古代剧情中，作为中华传统文化的组成部分。由于中国游戏的主要出口市场是资本主义国家市场，而时下某些资本主义国家对贴有社会主义标签的产品又过度敏感，为防止中华文化的对外传播受到不必要阻碍，出口游戏最好还是将前述中华文化内容设置于古代剧情背景下，作为中华传统文化的组成部分进行传播。

（二）游戏制度创新

1. 对游戏内部制度的深入理解与调整

网络游戏不但可以通过器具、景观、节庆、风俗、历史等因素直接传播文化，也可以通过内部制度间接传播文化。此所谓"内部制度"不是指在中国古代剧情背景下向游戏玩家展现三省六部制或者科举制这类真实存在过的制度，而是指游戏设置的与各种剧情无关且直接适用于玩家的角色成长制度、利益分配制度、交易制度、合作与竞争制度、纠纷解决制度等。这些制度不体现有形的文化因素，但其中蕴含着游戏设计者的无形的文化理念；游戏玩家长期遵从这些制度处理彼此间关系，自然会慢慢体会到游戏设计者想要传递的文化理念。

网络游戏内部制度种类丰富，多年实践之后，显现出不少可继续调整之处。

（1）调整玩家对抗制度以促成团结协作风气

在棋牌、足球、篮球、拳击、赛马、斗鸡、猜码等许多种类的游戏中，对抗都具有非常重要的意义；它不但是娱乐的源泉，也是锻炼思维的有效手段。在网络游戏领域，对抗具有同等重要的意义。网络游戏中的对抗活动分为两类：一类被称为 PVE，是让玩家与游戏中的非玩家角色（通常简称为 NPC）对抗；另一类被称为 PVP，是让玩家与玩家对抗。单从文化传播角度看，如果一款网络游戏以 PVE 模式为主，则最适于大量传播文化，因为玩家不必时时担心遭受其他玩家"袭击"，可以安心地慢慢阅读大量文化信息。不过一般情况下，玩家总比非玩家角色更灵活也更会运用谋略，因此玩家与玩家对抗通常更有挑战性，也更加刺激，受到多数游戏玩家的欢迎。针对这样的玩家心态，网络游戏基本上都含有PVP 内容，并且当前多数热门网络游戏的对抗活动都属于 PVP 模式。

网络游戏内玩家对抗制度的具体细节蕴含着游戏设计者的文化理念，是有可能影响玩家行为的。笔者对游戏玩家进行深度访谈时发现：同一玩家在不同规模的 PVP 对抗中，其团结意识存在一定差异。当玩家处于诸如《绝地求生》这类每队人数不超过 4 人的小规模对抗活动中时，其团结意识最高，表现为非常愿意为本团队的胜利牺牲自己❶，且经常与队友保持联系，以便交换意见；当玩家处于诸如《坦克世界》这类每方团队不超过 15 人的中等规模对抗活动中时，其团结意识偏高，表现为比较愿意为本团队的胜利牺牲自己，也愿意偶尔对队友进行一些"指点"或"指挥"；当玩家处于诸如《魔兽世界》奥特兰克山谷战场这类每方团队人数上限为 40 人的大规模对抗活动中时，其团结意识仍然存在但稍微下降，表现为仍愿意为本团队的胜利牺牲自己，但不愿意消耗时间"指点"队友；当玩家处于诸如《魔兽世界》或《魔剑》野外"收割"❷ 这类根本不存在人数上限的超大规模对抗活动中时，其团结意识相当薄弱，表现为既不愿牺牲自己、成全他人，也基本上不愿给予他人任何"指点"。之所以如此，主要原因可能是：一方面，PVP 对抗的输赢概率与同团队玩家团结协作水平的高低存在一定联系。在越大规模的对抗活动中，每一玩家能发挥的作用越小，个别玩家的自私行为通常无损于大局；反之，在越小规模的对抗活动中，每一玩家的作用越突出，个别玩家若自私自利极易导致本团队整体失败。另一方面，部分玩家习惯于跟比较熟悉的朋友一起组队参与 PVP 对抗，但因熟人数量有限，通常只有在小规模对抗活动中才能确保多数队友都是熟人；在大规模对抗活动中，因为很难凑齐熟人人数，这些玩家不得不跟陌生人组成团队。由于众所周知的原因，玩家与熟人合作时往往会表现出较好的精神风貌，从而造成前述效果。既然小规模团队对抗更有利于促进玩家团结协作，提升网络游戏中的小规模 PVP 对抗比例无疑是传播团结协助文化理念的有效途径之一。此外，为进一步推动玩家互相团结，在游戏制度中强化对破坏团队利益者的惩罚和提高对自我牺牲者的奖励，也是良好的辅助措施。

在对玩家的深度访谈中，笔者还发现，在许多游戏里，玩家组建起数量众多

---

❶　笔者对玩家的问卷调查也证实了这一点：被调查者中 87.1% 的中学生和 90.41% 的成年人表示，在组队打怪或竞技时，都愿意为了团队牺牲自己。

❷　"收割"是网络游戏术语，指 PVP 模式下，一方玩家在安全区域外随意击杀作为敌对阵营成员的另一方玩家。"收割"的规模有大有小。大规模"收割"可能会引发数百个玩家的混战。

的公会（或帮派）❶。这些公会（或帮派）有大有小，不同公会（或帮派）间实力失衡是常态。但公会（或帮派）之上还有阵营。与阵营相比，公会（或帮派）实力渺小，因此公会（或帮派）间实力再怎么失衡，通常也难以造成不同玩家阵营之间实力的过度失衡。因为参与对抗的双方或多方玩家实力不至于严重失衡是确保玩家对抗制度能够发挥正面作用的主要前提，所以对大多数网络游戏而言，玩家对抗制度或多或少都有助于促成团结协作风气。不过国内市场上曾出现过特殊现象，此即 2003 年进入中国大陆市场的美国网络游戏《魔剑》。在该游戏中，最高级别的玩家团体就是公会，公会之上不存在更高层次玩家团体；而该游戏对公会实力失衡又缺乏限制，最终导致由少数职业玩家组建的个别公会霸占了几乎所有服务器里的游戏资源。这些公会将弱肉强食的丛林法则贯彻到极致。他们禁止其他公会发展壮大，破坏其他公会的任何日常建设；他们在安全区域外随时随地击杀和抢劫普通玩家，使绝大多数普通玩家一旦离开安全区域就心惊胆战。当玩家间的实力失衡发展到一定程度，这款游戏设计不当的玩家对抗制度就将游戏变成了极少数职业玩家的肆虐场所，而绝大多数普通玩家无法获得正常游戏体验。于是，《魔剑》虽然在技术上遥遥领先于同时期发行的其他游戏，仍在 2006 年退出中国大陆市场，在 2007 年退出韩国市场，在 2009 年退出欧美市场，最终走向消亡。对于多数设置了玩家对抗制度的网络游戏而言，《魔剑》的教训值得借鉴：玩家对抗制度可以发挥促成团结协作风气的作用，但对玩家对抗的激烈程度应有所限制。值得一提的是：《魔兽世界》开创的"副本"制度为降低玩家对抗的激烈程度做出过巨大贡献。所谓"副本"制度，是指对于一些拥有特殊非玩家角色、击败这些角色后容易获得高品质道具奖励的地点，游戏只设置一个具有传送功能的设施；假如有许多玩家组成不同团队同时进入该设施，则属于不同团队的玩家将被传送到地图相同、非玩家角色相同，但只存在本团队玩家而见不到其他团队玩家的地区。在"副本"制度出现之前，为争夺获取高品质道具的机会，许多玩家会组队赶赴存在特殊非玩家角色的地点并展开惨烈对抗。这

---

❶ 让玩家组成较大规模的团体参与对抗，首创于韩国网络游戏《传奇》。参见刘胜枝. 网络游戏的文化研究［M］. 北京：北京邮电大学出版社，2014：29.

一制度使这种对抗变得毫无必要，实现了大幅度降低玩家对抗激烈程度的目的。❶

（2）调整团体互动制度以弘扬集体主义精神

在现实世界，个体为集体贡献力量，并随着集体的壮大逐渐从集体中获得利益反馈。这是弘扬集体主义精神最有效的途径之一。在虚拟世界中弘扬集体主义精神，其基本机制与此相同。作为个体的玩家与作为集体的玩家团体能否实现有效互动——即玩家的奉献能否增强玩家团体的实力，而玩家团体实力的壮大又能否增加作为团体成员的玩家的利益——这是决定虚拟世界中玩家团体能否具备凝聚力、玩家能否拥有集体荣誉感的关键因素。

当前网络游戏鼓励玩家建立或参与各类团队，其中规模最小的是由玩家"收徒"形成的"师徒"团体、由玩家"结婚"形成的"夫妻"团体以及为完成特定任务临时组成的玩家小队，人数不等的"公会""帮派""行会"之类的团体则构成中等规模或大规模玩家团体，而由数量庞大的玩家与非玩家角色共同组成的"阵营""国家"则属于超大规模玩家团体。多数网络游戏的团体互动制度设计都比较健全。由于玩家团体确实能给团体成员反馈利益，而每一玩家所获利益的多少又与其在团体内的"贡献度"呈正相关关系，因此许多玩家都热衷于为团体收集特殊资源或完成特殊任务；一旦团体受到攻击，玩家们也愿意积极进行对抗，守护自己参与的团体。

但是对于规模最大的玩家团体——阵营或国家，当前多数网络游戏都未设置上述互动制度。在深度访谈中笔者了解到：之所以如此，是因为游戏设计者普遍担心这会导致不同玩家团体之间实力严重失衡，从而破坏人数过少的团体中玩家的游戏体验。如前所述，假如处于阵营或国家之下的玩家团体实力严重失衡，部分玩家的正当利益在这些团体中难以获得有效保护，他们还可寄希望于阵营或国家这样的超大规模团体；换言之，凌驾于其他团体之上的超大规模团体的保护可以有效填补其他团体实力不足形成的空缺。假如连阵营或国家这种超大规模团体之间也发生实力失衡，那么长期处于弱势团体一方、经常被强势团体成员欺负的玩家们往往只有两种选择：或者设法改换门庭，加入强势团体——负面效果是导

❶　刘胜枝. 网络游戏的文化研究［M］. 北京：北京邮电大学出版社，2014：22-23.

致其在原团体中的"贡献度"与"职位"被清空,有些游戏还要求玩家支付一笔现实货币作为"转会费";或者永远放弃这款游戏。从整体上看,这既不利于游戏企业扩大市场份额,也不利于弘扬集体主义精神。

当前游戏制度下玩家与阵营或国家之间难以互动,虽然避开了前述矛盾,却引发另一问题:玩家们被游戏制度培养出在小团体中发扬集体主义精神、在超大规模团体中自私自利的习惯。这显然与国家文化建设的目的相悖。中国的教育与宣传长期弘扬集体主义精神,其最终目标不是让每个中国公民都只关注其家庭、家族或者工作单位的小团体的利益,而是希望每个中国公民都尽力为祖国、为中华民族这个超大规模团体贡献力量。在虚拟世界中养成的习惯难免会在一定程度上影响玩家尤其是未成年玩家在现实世界中的习惯。虽然目前的社会调查方法难以精准测定虚拟世界中的习惯对现实世界习惯的影响程度,但通过调整团体互动制度消除隐患,才可能为国家文化建设奠定基础。《魔兽世界》曾尝试过实现玩家与阵营之间的互动,其具体措施是:鼓励玩家向其所在阵营捐赠物资并以此计算玩家的贡献度;所在阵营获得捐赠物资的总量越大,则实力越强并越容易在阵营对抗中获取胜利与荣誉;玩家则在阵营对抗结束后获得利益反馈。

《魔兽世界》的这种团体互动制度创新较为谨慎且具有一定的借鉴意义。其谨慎表现在:不同阵营中玩家人数确实存在比较明显的失衡状况。为预防团体互动制度调整后不同阵营的实力受玩家人数影响严重失衡,进而损害部分玩家利益,游戏设计者只允许各阵营将从玩家处获取的资源用于一次只能获取荣誉的对抗活动,活动结束后所有捐献资源清零,实际上避免了阵营实力发生长期的、实质性的失衡。其他网络游戏如果也有在超大规模团体层面上弘扬集体主义精神的创新设想,未必需要照搬《魔兽世界》的制度设计,但可以借鉴其既可给予玩家一定的利益反馈又不至于破坏大范围的利益平衡的构思。

(3) 调整玩家重置制度以倡导沉稳慎重态度

极少数玩家尤其是其潜意识不太能分清虚拟世界与现实世界的未成年玩家,其现实世界中的行为模式会受到虚拟世界的行为模式的一定影响。❶ 为帮助这类

---

❶ 燕道成. 网络暴力游戏对青少年的涵化与引导研究 [M]. 北京:知识产权出版社,2015:5-7;郑莉君. 健康心理学 [M]. 北京:中国人民大学出版社,2014:278-280.

玩家树立正确的人生观、构建健康的行为模式，法律与行业自律规范都在约束游戏内容，比如禁止游戏传播淫秽色情信息、过度暴力信息、邪教信息、破坏国家统一的信息、反对社会主义制度的信息等。这些规范当然都有利于国家文化建设，但其中存在一个疏忽：许多网络游戏中共同存在的玩家重置制度容易使未成年玩家在潜意识中误以为一切错误决策都可挽回。

在对个别未成年游戏玩家进行深度访谈时，笔者发现未成年玩家对于日常生活、学习中所需面对的选择已具备基本的理性判断能力，这种能力不会轻易受到虚拟世界中另一种行为模式的影响。比如，未成年玩家在网络游戏中经常"击杀"其他玩家，他在现实世界面对重大问题时会用理性思维控制自身行为，不会模仿虚拟世界中的经历真正杀害另一个人；同理，未成年玩家在网络游戏中已多次"复活"，他的理性思维当然会告诉他现实世界中不存在复活的可能。但是，未成年玩家行为模式与成年玩家行为模式的主要区别之一在于：前者的行为受到理性思维控制的概率相对较低，受潜意识控制的概率相对较高；而习惯、过往经历、环境熏陶等因素都是潜意识产生的根源。这意味着：成年玩家在现实世界的行为受潜意识控制的概率相对较低，所以哪怕在虚拟世界里多次实施一些不合常理的行为或养成不良习惯，仍可清晰地区分虚拟世界和现实世界，不让自己在虚拟世界中形成的行为模式影响自己在现实世界中的行为模式。未成年玩家则有可能缺乏这种分辨力与自控力。虽然他们的理性能力足以帮助他们区分虚拟世界与现实世界，却因基于理性的意识对自身行为控制力不足，最终难免使其虚拟世界的行为模式对其现实世界的行为模式有所影响。也就是说，假如未成年玩家在虚拟世界里多次获得"反悔"资格，并通过重置制度成功消除做出错误选择所带来的一切不良影响；那么哪怕其理性会提醒他：一旦考试不及格，成绩是不能修改的；一旦把同学打伤甚至打残，后果是无法挽回的，他在虚拟世界中积累的"经验"仍有可能影响他的潜意识进而影响他的行为❶，导致他在考试答题时、在与同学发生争执时或者从事其他活动时表现得更为浮躁、轻率。

要缓解甚至消除玩家重置制度对未成年玩家心理健康可能造成的威胁，游戏设计者需要进一步提高玩家重置成本；在不严重妨害游戏娱乐性的情况下，甚至

---

❶　丁海东. 论儿童精神的潜意识化 ［J］. 学前教育研究，2006（5）：5-8.

可以考虑通过整个游戏内部制度的全面创新彻底取消玩家重置制度❶。唯有如此，才能让未成年玩家形成更合理的潜意识，即：选择一旦做出，通常无法反悔，因此人生中的每一选择都应尽量沉稳、慎重。

（4）调整玩家交易制度以培育诚实守信观念

诚实守信是中华文化的重要内容之一。许多网络游戏都以游戏剧情传播诚实守信的中华文化，比如武侠题材游戏中侠客的言出必践、历史类题材游戏中将军的一诺千金。但如果游戏内的玩家交易制度设计存在漏洞，并被一些玩家用于不当目的，恐怕还是会妨害诚信文化的传播效果。

当前许多网络游戏内的玩家交易制度设计得不够完善，总是存在若干易被利用的漏洞，导致一些游戏的服务器界面时常冒出受骗玩家声讨骗子的信息，非常影响游戏的文化氛围。比如《大话西游》中的召唤兽可以被玩家修改名称，然后交易给其他玩家。由于当时的交易制度只显示交易对象的名称而不显示图像，一些玩家就利用这个交易制度漏洞，把品质较差的召唤兽的名称修改成高品质召唤兽的名称，再在交易中欺骗其他玩家。这类问题比较好解决，只要在交易过程中显示交易对象的图像，或者直接显示交易对象在游戏中的默认名称而不是玩家所起的名称即可。又比如《魔兽世界》设置了"拍卖行"式交易制度，允许玩家将任何物品置于"拍卖行"公开拍卖。拍卖价格由出售者自行决定，一旦成功拍卖则由"拍卖行"按一定比例收取拍卖费；假如拍卖期限届满后流拍，则"拍卖行"只按该物品在游戏中的默认价格的一定比例收取手续费。由于"拍卖行"会展示拍卖物的所有真实信息，任何玩家都不可能在"拍卖行"出售假货。但仍有玩家找到了拍卖制度的漏洞：它没有限制拍卖价格，并且对于低价物品收取的手续费极其低廉。于是这些玩家专门在"拍卖行"上"天价"拍卖若干几乎毫无用处的低价物品，比如一条只值 1 个虚拟铜币的"美味的小鱼"时常被标价 10 万个虚拟金币❷出售，出售价格是其实际价格的 10 亿倍。这样的价格恐怕已不是"暴利"所能形容的了。在拍卖行进行"天价"拍卖，通常有两种目的：

---

❶ 玩家重置制度在网络游戏中并非必不可少。它主要存在于角色扮演类网络游戏中。其他类型的网络游戏，比如在策略类、即时对战类、休闲类游戏中，都不存在玩家重置制度。

❷ 在《魔兽世界》里，作为虚拟货币的 1 金币等于 10000 铜币。

其一，有个别玩家以黑客手段窃取其他玩家的游戏账号，如果想将所窃账号中的大额虚拟货币转移给自己的账号，通过"天价"拍卖"洗钱"是最快捷的办法。其二，试图欺骗少数在"拍卖行"购物时不够审慎的粗心玩家。不论其实际目的是哪一种，一旦得逞，必然会损害其他玩家的正当利益以及交易当中应有的诚信秩序。面对受害玩家反映强烈的此类问题，《魔兽世界》曾以人工审核大额"拍卖"的方式填补漏洞。人工审核措施可以消除部分问题，但无法解决所有问题。

对于游戏玩家而言，游戏是否存在良好的诚信氛围，不只是由那些感人肺腑的游戏剧情决定的，也是由游戏的各种内部制度决定的。游戏中的玩家交易制度是一个比较复杂的领域。游戏设计者只有继续深入探索、不断创新，才有可能既维护好玩家之间的交易自由，又杜绝形形色色的欺诈与盗窃，还众多玩家一个清朗的虚拟交易空间。

2. 以游戏外部制度的关键变革促成游戏领域历史文化创作的良性发展

包括网络游戏在内的各种文化产品应该如何从事历史文化创作，一直是比较复杂的问题。其中的核心问题之一是文化产品在传播历史文化或者与历史相关的其他文化时，应该如何理解和对待史实，或者说如何处理历史真实与艺术真实的关系。

国内部分受众一向关注历史题材文化产品的严谨性问题。他们认为，历史题材文化产品应力求严谨。比如抗战题材影视剧，不仅要传播英勇顽强、众志成城的抗战精神，让受众获得爱国主义情感熏陶；还应传播尽可能翔实的人文信息与自然信息，让受众获得准确的历史知识，并感受到中华民族对历史事实的一贯尊重和对重大历史事件的高度重视。个别国产抗战题材影视剧在细节上出错较多，可能会影响国产抗战题材影视剧形象，往往会受到部分观众的批评。例如，2012年公映的国产电影《一八九四·甲午大海战》在宣传时强调"尊重历史、还原历史"，曾获广泛好评。但有观众比较其与2009年播放的日本电视连续剧《坂上之云》中涉及甲午海战与对马海战的相同或相似内容，指出《一八九四·甲午大海战》存在以下细节缺陷：（1）服装失实。关于交战双方海军官兵以及介入战争的英国商船船员的服装，两部剧作都存在细节失实问题。但日剧《坂上之云》中大部分服装符合史实，唯在涉及 1886 年北洋水师访问日本的剧情上，日剧让北洋水师官兵穿上了两年后才出现的 1888 式清朝水师官弁服；国产影片《一八九四·甲午大海战》服装不符合史实的问题更严重，影片中甲午海战时日本海军军服不符合史实而近似于 2007 式中国海军军服，甲午海战时日本海军军帽及英国商船人员的制式帽子的形状实为 1987 式中国海军军帽。（2）旗帜错误。《一八九四·甲午大海战》让介入战争的英国商船悬挂英国国旗，这不符合史实。《坂上之云》在该细节上做到了还原历史，即在介入战争的英国商船上悬挂专用的英国红色船旗，在英国皇家海军学院则使用圣乔治海军旗，并未不分场所乱用英国国旗。（3）海战整体态势表现粗糙。《一八九四·甲午大海战》只表现海军官兵个人战斗细节，却不展现对战双方的整体阵形与海战战术，因此影片中军舰没有海战阵形排列与阵形变化；而《坂上之云》既表现个人战斗细节，也表现双方军舰的阵形排列与阵形变化，甚至还配上整体战术态势图与旁白介绍。（4）海战战术表现粗糙。《一八九四·甲午大海战》表现定远舰向敌舰开炮的战术动作共有三个：观测员持望远镜报告敌我双方距离、舰长下令开炮、主炮开火；《坂上之云》则非常细致：日舰先发射一炮进行测试、日舰测量员测距后向参谋报告、参谋向舰长请示开炮、舰长许可后向炮术长下达射击数据、炮术长获得数据后向各炮位下达射击命令、各炮位开炮、计算炮弹命中时间并准备下一轮炮击。在笔者看来，上述现象只反映出一部国产影片存在的少量问题，并不表明外国影视产品一定比中国影视产品更严谨。事实上，日本或欧美国家拍摄的其他一些战争题材电影也存在不同程度的违背史实的情况；与外国拍摄的关于抗美援朝战争、中印边界战争的影视产品或者国内诸多"抗战神剧"相比，《一八九四·甲午大海战》在尊重历史方面还是做得相当好的。当然，假如中国历史题材文化产品能在细节表现上更加精准，则将进一步改善其在广大受众心目中的形象，提升历史文化传播品质。继 2013 年 5 月下发《关于规范卫视黄金档电视剧的通知》，整顿过度娱乐化的抗战题材电视剧后，广电总局又于 2020 年 7 月深入整顿不尊重历史、违背常识常理的抗战题材、抗美援朝题材、抗疫题材电视剧。这些措施表明中国政府认为文化产品要传播好历史文化，不能只着眼于整体与梗概，而需整体与局部、梗概与细节一并重视。

学术界也一直关注该问题并提出过许多很有价值的观点。中华人民共和国成立后不久，学者们就发现以尊重历史为主的创作观念与以尊重艺术为主的创作观念存在冲突："如果历史剧以历史为主体，第一个前提就是尊重历史，至少要尊重历史记载和历史研究，艺术加工应该在历史的真实基础上进行。如果历史剧以戏剧为主体，它追求的首先是戏剧效果、戏剧结构，总之是艺术真实，至于历史不过是它用来剪裁的材料，适用是第一需要，尊重等等皆可有可无。"❶ 茅盾先生于 1962 年发表了 10 万字长文《关于历史和历史剧》，作为其参与这次讨论的基本纲领。茅盾认为所谓"历史真实和艺术真实之统一"，就是"历史真实与艺术虚构的结合"。他指出："历史家不能要求历史剧处处都有历史根据，正如艺术家（剧作家）不能以艺术创作的特征为借口而完全不顾历史事实，任意捏造。历史剧无论怎样忠实于历史，都不能没有虚构的部分，如果没有虚构就不称其为历史剧。""但是，虚构和夸张都不能超越当时人物的思想水平和意识形态"。"总而言之，我以为我们一方面肯定艺术虚构之必要，另一方面也必须坚持不能随便修改历史；此两者并不矛盾，因为艺术虚构不是向壁虚构而是在充分掌握史料，并用历史唯物主义和辩证唯物主义的观点和方法分析史料、对历史事实（包括人物）的本质有了明白认识以后，然后在这个基础上进行虚构的。这样的艺术虚构，就能与历史真实相结合而达到艺术真实（即在艺术作品中反映的历史）与历史真实（即客观存在之历史）的统一了。"❷ 茅盾先生的见解非常精辟，对理解历史真实与艺术虚构之间的关系具有重要指导意义。此后还有学者继续探讨，主张："接受史学界的基本观点、主流观点，对于历史剧的创作而言是不难做到的，也是应该做到的。""传统史学追求言简意赅，重政治而轻生活，重上而轻下，重结果而轻过程等，所有这些地方都为艺术创作提供了广阔的自由空间。历史的记载是片断的，历史的研究也是片断的，只有通过艺术的虚构这条金线，才可以把片断的历史缝合成为一件完整的金缕玉衣。""现有的历史剧中的所谓'硬伤'，其实只要简单征询一下历史专业工作者，就都可以避免。至于更

---

❶ 孟宪实. 历史剧与历史学散论 [J]. 中国人民大学学报，2007（2）：33-36.
❷ 茅盾. 关于历史和历史剧 [M]. 北京：人民文学出版社，1962：127，126，121，136.

重要的历史问题，一般以邀请历史顾问的方式形式化地予以解决。"❶

笔者完全赞同中国政府的立场和以茅盾的观点为代表的学术研究成果，认为同为文化产品，关于历史题材影视剧的理论成果是可以借鉴到网络游戏领域的。在历史题材网络游戏或者与历史存在密切关系的其他题材网络游戏中，政府相关主管部门与网络游戏行业组织可设立制度，确保今后的游戏内容设计遵循三项规则：第一，网络游戏设计必须反对历史虚无主义，原则上不能随意修改历史。也就是说，游戏设计的内容一般不应违背古代正史与当代史料的记载，不应违背当代历史学研究的主流观点。第二，网络游戏设计在历史的空缺领域或模糊领域可以进行合理虚构。不论哪个时期的史料，都不可能全面记载人类活动的方方面面，往往存在重视政治、军事信息，轻视其他信息的特点；哪怕在受其重视的政治、军事领域，往往也只对极其重要的事件进行详细记录，对其他事件只记录梗概。这就造成了历史的空缺领域或模糊领域。为满足创作需要，游戏设计者可以虚构故事填补空缺；但哪怕是虚构，也要符合历史唯物主义的基本原理，符合常识与常理。比如史书所记载的钟无艳的资料极少，《列女传》中的有关内容仅体现她"貌丑""有才"两个特点。这两个特点是我们所熟知的钟无艳的核心，在表现钟无艳时，这两个特点不应遗漏。笔者认为京剧里面的钟无艳传统谱式就表现得较好。此脸谱一半俊扮，保留女性的温柔秀美；一半丑陋，画上装饰性花纹。演员可在表演时按剧情发展的需要，对风格迥异的两边脸谱加以运用，突出人物在各种特殊情况下不同的情绪状态。文学作品、历史作品改编要在保留原本核心的基础上适度进行。第三，出于增强游戏娱乐性之类的特殊目的，少数历史题材网络游戏对史实进行较多修改或虚构内容，只要不违背历史唯物主义的基本原理，不违背常识与常理，亦应允许。但游戏必须在适当的、醒目的位置声明游戏中涉及的故事属于虚构，以免对玩家产生错误的历史知识误导。为进一步防范辨别能力较低的未成年玩家忽略相关游戏声明，受到游戏中虚构的历史内容的误导，网络游戏行业组织还可考虑建立游戏分级制度，力求使未成年玩家只能接触没有虚构内容的历史题材游戏。只有遵循这些规则，才能在历史题材网络游戏以

❶ 孟宪实. 历史剧与历史学散论［J］. 中国人民大学学报，2007（2）：33-36.

及与历史存在密切关系的其他题材网络游戏领域保障玩家接触正确的历史知识与正确的历史观，才能确保传播者始终将社会效益置于经济效益之前。

三、健全网络游戏调整措施、清除文化建设隐患

要尽可能彻底地清除国家文化建设隐患，最有效的途径是让国家通过扶持优秀网络游戏引导网络游戏的正确发展方向，通过制订和执行管理制度强化对违法网络游戏的制约，以及让网络游戏行业组织发挥好自律作用，从游戏企业外部和内部双管齐下，全面规范网络游戏社会关系。

（一）国家管理与扶持

管理是国家的传统职能，也是其主要职能。在大力推进社会治理现代化的环境下，人们可期待行业组织更好地引导各游戏企业约束好其游戏设计、发行与运营行为，但国家相关部门仍应坚持履行职责，充当国家文化建设的重要保障。

自网络游戏诞生以来，相关国家治理从未停止。对于网络游戏，最初并无专门的法律法规予以规范，而是适用一般性的网络法律法规；其后逐渐制订了有关网络游戏的部门规章。总体上看，我国关于网络游戏的法律制度经历了从抽象规范到具体规范、从一般性规范到专门性规范的过程。具体表现为：

1994 年颁布并施行的行政法规《中华人民共和国计算机信息系统安全保护条例》第 7 条规定："任何组织或者个人，不得利用计算机信息系统从事危害国家利益、集体利益和公民合法利益的活动，不得危害计算机信息系统的安全。"该条款并非专门针对网络游戏而设，但因构成网络游戏软件的信息亦属计算机信息系统中的组成部分，该条款当然可用于调整基于网络游戏产生的各种社会关系。面对网络游戏领域的违法犯罪行为，该条款虽因不够具体化而缺乏操作性，却相当周全地涵盖了所有需要保护的正当利益，在宏观层面杜绝了制度漏洞。此后，我国陆续颁布了数十部网络法律、法规、规章。其中多数法律规范都能发挥类似于《中华人民共和国计算机信息系统安全保护条例》的作用，即虽非专门针对网络游戏而设，却也可以适用于网络游戏领域。其中规范设计得最为细致且法律效力层级最高的当属《中华人民共和国网络安全法》。该法第 12 条规定："任何个人和组织使用网络应当遵守宪法法律，遵守公共秩序，尊重社会公德，

不得危害网络安全，不得利用网络从事危害国家安全、荣誉和利益，煽动颠覆国家政权、推翻社会主义制度，煽动分裂国家、破坏国家统一，宣扬恐怖主义、极端主义，宣扬民族仇恨、民族歧视，传播暴力、淫秽色情信息，编造、传播虚假信息扰乱经济秩序和社会秩序，以及侵害他人名誉、隐私、知识产权和其他合法权益等活动。"该条款亦非专门针对网络游戏而设，但既然网络游戏活动必须以计算机网络为物质基础，那么它当然要受该条款制约。与以往的网络立法相比，《中华人民共和国网络安全法》的规范更加细致，不仅明确要维护网络领域的国家安全——其中当然包含国家文化安全，还专门列举若干严重的违法现象；这种列举虽不周全，却指出了法律的主要制裁对象。

从 2010 年起，我国终于拥有了专门的网络游戏部门规章，即文化部制订的《网络游戏管理暂行办法》。该法的颁布体现出我国在网络游戏专门立法领域的长足进步与领先地位——当今世界，包括发达国家在内的绝大多数国家都尚未制订关于网络游戏的专门法律规范。与我国各种一般性的网络法律规范相比，《网络游戏管理暂行办法》在国家文化建设方面做出以下主要创举：

（1）弘扬主旋律，坚持社会效益优先。具体体现为其第 4 条规定的"从事网络游戏经营活动应当……坚持社会效益优先……弘扬体现时代发展和社会进步的思想文化和道德规范"。

（2）提倡自食其力，禁止变相赌博。具体表现为其第 18 条第 3 项规定的"不得以随机抽取等偶然方式，诱导网络游戏用户采取投入法定货币或者网络游戏虚拟货币方式获取网络游戏产品和服务"。该条款涉及两种"赌博"方式：一种是投入法定货币的变相"赌博"，与现实世界的赌博并无本质区别。另一种是投入网络游戏虚拟货币的变相"赌博"，当虚拟货币的获取与投入现实货币存在密切联系时，它与投入法定货币的变相"赌博"基本相同；当虚拟货币的获取与投入现实货币无关时，它不具备赌博的本质却具备其外形。不论是哪种"赌博"，都在宣扬不劳而获，违背自食其力的中华文化，确需禁止。

（3）提倡节制，反对沉迷。具体体现为其第 4 条规定的"遵循有利于保护公众健康及适度游戏的原则"以及第 16 条第 3 款规定的"网络游戏经营单位应当按照国家规定，采取技术措施……限制未成年人的游戏时间，预防未成年人沉迷网络"。

（4）提倡和谐、勇武。具体体现为允许玩家在自愿的前提下相互攻击，不允许玩家在非自愿的前提下相互攻击。《网络游戏管理暂行办法》第18条第1项规定："不得在网络游戏中设置未经网络游戏用户同意的强制对战"。该条款同时表明，只要玩家愿意，是可以在虚拟世界中相互攻击的。需要指出的是，不考虑玩家是否自愿，在网络游戏中完全禁止玩家相互攻击，这种设想不符合网络游戏行业内在的客观规律，并不可行。长久以来，适当程度的暴力行为、相互攻击一直属于人类追求惊险刺激或者锻炼胆量的娱乐方式。中国传统武术以及作为现代奥运会正式项目的击剑与拳击运动，无不充斥着暴力与人类的相互攻击。考虑到这类运动确实存在正面价值，当今各国从未取缔这类运动，只是对其施加一定限制。不过不管怎么限制，参与者在此类运动中受伤甚至死亡的意外一直层出不穷。与这些体育运动相比，网络游戏中玩家相互攻击的负面效果通常很低。因为虚拟世界的攻击后果不可能延伸到现实世界，在游戏中相互攻击的玩家不可能像在拳击运动或击剑运动中那样意外负伤或死亡。此外，中华文化对于攻击行为的评判一向是支持正义行为、反对非正义行为。网络游戏在允许玩家自愿地相互攻击时，只要能够设置一个具备正义性质的剧情环境，就不会有悖和谐，而是弘扬勇武的中华传统文化。

（5）倡导诚信、负责。具体表现为其第21条规定的"网络游戏运营企业应当要求网络游戏用户使用有效身份证件进行实名注册，并保存用户注册信息"及其第25条规定的"网络游戏经营单位发现网络游戏用户发布违法信息的，应当依照法律规定或者服务协议立即停止为其提供服务，保存有关记录并向有关部门报告"。这些条款显然旨在对少数在网络游戏中实施诈骗或其他违法行为的玩家实施追责，从而倡导诚信、负责的风气。

（6）明确未成年人是网络游戏领域维护国家文化工作的主要关注对象。具体体现为吸收欧美国家游戏分级制度经验，在网络游戏领域建立禁止未成年人接触不良信息的制度。《网络游戏管理暂行办法》第16条第1款规定："网络游戏经营单位应当根据网络游戏的内容、功能和适用人群，制定网络游戏用户指引和警示说明，并在网站和网络游戏的显著位置予以标明。"显然，该条款并未禁止国内市场上运营的网络游戏含有此类不良信息，即暴力、恐怖信息以及扮演违反道德或法律角色的信息。其第 16 条第 2、3 款继续规定："以未成年人为对象的网络游戏不得含有诱发未成年人模仿违反社会公德的行为和违法犯罪的行为的内容，以及恐怖、残酷等妨害未成年人身心健康的内容。""网络游戏经营单位应当按照国家规定，采取技术措施，禁止未成年人接触不适宜的游戏或者游戏功能……"这些条款表明：游戏企业有义务通过技术手段阻止未成年人接触含有不良信息的网络游戏。为满足玩家的娱乐需求以及维护游戏设计领域的创作自由，网络游戏中程度不严重的不良信息，比如有限的暴力信息、恐怖信息，是允许成年人接触的。需特别指出的是，这些条规与第 9 条第 7 项有关禁止在网络游戏中宣扬暴力或教唆犯罪的规定并不矛盾。所谓"宣扬暴力或教唆犯罪"，是指游戏设计者希望玩家认同暴力行为或犯罪行为，进而希望玩家在游戏中"体验"暴力或犯罪后，把虚拟世界中的行为模式移植到现实世界。网络游戏宣扬暴力或教唆犯罪的主要表现形式是：不仅展现暴力或犯罪，还以某种方式表达对暴力或犯罪的认同、赞赏，至少不表达对暴力的克制或者对犯罪的厌恶。这意味着，只要能够表达对暴力的克制或者对犯罪的厌恶，哪怕游戏中包含此类信息，通常不会对成年玩家构成误导，并未违反《网络游戏管理暂行办法》第 9 条第 7 项的规定。

（7）在网络游戏文化建设问题上提倡社会共治。具体体现为《网络游戏管理暂行办法》第 5 条以法律规范形式确认网络游戏行业协会等社会团体制订行业自律规范以及教育、指导、监督作为其成员的国内游戏企业与从业人员的职权。

这些规范针对性、操作性较强，实施多年来对净化国内网络游戏市场起到重要作用。但在 2019 年党和国家机构深化改革后，网络游戏的主管部门发生变动，由原来的文化和旅游部调整为国家新闻出版署。由于《网络游戏管理暂行办法》是由原文化部制订的部门规章，在机构改革后文化和旅游部不再主管网络游戏行业，该暂行办法已不可能继续施行，遂于 2019 年 7 月废止。作为新的主管部门，国家新闻出版署目前主要以行政命令方式❶执行一般性网络法律规范。在其制订并颁布新的网络游戏部门规章之前，我国又进入了暂无网络游戏专门性法律规范

---

❶ 比如新闻出版署于 2019 年 10 月颁布的《关于防止未成年人沉迷网络游戏的通知》。

的阶段。

除了制订法律规范，为加强网络游戏文化建设，我国网络游戏领域的执法也相当严格。这些执法工作主要体现在两方面：

一方面，强化游戏内容审查。2004 年，文化部就已成立网络游戏内容审查委员会，由来自教育、法律、文艺、研究机构等多领域的专家组成，负责给网络游戏内容管理工作提供技术支撑和权威性意见。经多年探索，已构筑起技术和人工相结合、动态和静态相结合、事前审查和事后监督相结合的游戏内容审查模式。2009 年，文化部发布《关于改进和加强网络游戏内容管理工作的通知》，要求网络游戏产品和服务体系承担着娱乐、审美、教育、交流等重要文化使命和社会责任。网络游戏经营单位应当将社会效益放在首位，在游戏研发运营中，以社会主义核心价值体系为指导，增强产品的文化内涵，大力弘扬时代精神和民族优秀文化，为实现人的全面发展和社会和谐服务，从而把游戏内容审核标准从知识、细节的具体层面提高到了价值观导向的宏观层面。游戏内容审查制度实施多年以来，许多内容不合法的游戏尤其是进口游戏都修改了相关内容或者被禁止发行，从源头上消除了大量不利于国家文化建设的隐患。

另一方面，治理整顿网络游戏市场。比如 2017 年 12 月中共中央宣传部、中央网信办、工业和信息化部、教育部、公安部、文化部、国家工商总局、国家新闻出版广电总局联合印发《关于严格规范网络游戏市场管理的意见》，部署针对网络游戏违法违规行为和不良内容的集中整治。❶ 又比如 2018 年文化和旅游部在网络动漫等互联网文化市场集中查处丑化恶搞英雄烈士等违法违规经营行为。❷ 从中央到地方，从零散处理到集中整治，相关部门的治理整顿频率高、执法严，有效净化了网络游戏市场环境。

观察网络游戏国家管理现状，尚有游戏内容审查与市场整顿的覆盖面与重心问题需要解决。多年来我国一直缺乏网络游戏专门立法。首部网络游戏专门法律规范——《网络游戏管理暂行办法》本就存在少量漏洞，实施 9 年后又因机构改革而废止，致使相关部门在执法时重点整顿网络游戏的政治文化传播问题，即网络游戏中与中国国家形象、国家统一相关的问题；也比较重视对色情、赌博、恐怖、过度暴力方面的一般文化传播问题的治理，而相对忽略了若干其他文化传播问题。

同时，从全面加强文化建设的角度看，网络游戏管理或许需要区分轻重，即重要问题重点处理，一般问题一般性处理。其中，政治文化传播与历史文化传播属于重要问题，其他问题则属于一般问题。换言之，对网络游戏的国家管理不必平均用力，而应将主要力量投入审查和处理政治文化与历史文化问题上。

面对以上问题，作为网络游戏新的主管部门，新闻出版署需要加快网络游戏专项立法工作并在新的部门规章框架下继续改善执法工作。新的专项立法在借鉴《网络游戏管理暂行办法》的经验的基础上，可考虑扩大管理覆盖面，尽力消除网络游戏中历史文化传播的隐患，细化网络游戏中政治文化传播问题的种类与解决措施，同时适度调整管理重心，进一步强化对重要文化传播问题的重点管理。

如果说管理属于国家治理职能的刚性表现形式，那么扶持就属于国家治理职能的柔性表现形式。在网络游戏领域实施国家扶持的整体目的是掌握网络游戏这一新兴领域的文化传播主导权。必须承认与美、韩、日等游戏强国相比，我国在网络游戏领域起步稍晚，技术与人才储备还不足。

要加强网络游戏领域的文化建设，首先要引导国内市场上的网络游戏与进军国外市场的国产网络游戏讲好中国故事，尽快打造一批足以跟任何最热门的外国游戏相抗衡的、真正能够传播中华优秀文化的精品国产游戏。欲实现该目标，国家有关部门不能消极等待，而须主动扶持。

21 世纪初，我国就已意识到网络游戏在文化传播领域的巨大作用，开始逐步给予扶持。2004 年 5 月，中共中央精神文明建设指导委员会发出《贯彻落实〈中共中央 国务院关于进一步加强和改进未成年人思想道德建设的若干意见〉的目标任务分工》的通知，要求国家新闻出版总署牵头制定相关政策，积极鼓励、引导、扶持软件开发企业，开发和推广有益于未成年人健康成长的游戏软件产品。[1] 2004 年 6 月，时任国家新闻出版总署署长的石宗源表示，总署鼓励各类出

---

[1] 刘雪露. 完善文化管理政策 激发网游市场活力 [N]. 中国经济时报，2018-4-9（A08）.

版单位用包括大型网络游戏和动漫作品在内的新技术手段再现中华传统文化，以帮助未成年人重建对历史传承的认同。❶ 2004 年 10 月，国家新闻出版总署正式启动"民族网络游戏出版工程"项目。国家新闻出版总署将会同国内游戏软件开发商，在五年内推出 100 部具有自主知识产权、具有民族特色的优秀网络游戏软件，其中 30 部将在年底前问世。从 2004 年至 2015 年，民族网络游戏出版工程实施了 10 个批次，入选该项目的网络游戏数量达 214 款，确实促进了许多优秀网络游戏的发展。从 2016 年起，国家新闻出版广电总局用"中国原创游戏精品出版工程"替代了"民族网络游戏出版工程"。

民族网络游戏出版工程的扶持是比较周全的，以 2004 年的第一批民族网络游戏出版工程为例，当时已颁布 9 条具体扶持措施❷：

（1）组织实施中国民族网络游戏出版工程，5 年内投资 10 亿—20 亿元人民币，出版 100 个民族网络游戏产品。

（2）与上海市的有关企业共同开发一个大型游戏工程——"中国历代杰出人物游戏系列"。通过开发一批主题积极向上、弘扬爱国主义、对青少年有行为规范教育意义的网络游戏，让游戏进入校园。

（3）同财政部和税务总局共同调研，希望在现有的税收政策基础上，尽可能对国产游戏开发企业给予更优惠的税收政策。

（4）邀请国外大型开发公司的核心开发人员到中国传授经验，并请他们每年安排一定数量的中国企业人员，前往国外企业进行现场实习和培训。

（5）"1+10 计划"。"1"是准备建一所高级的游戏人才培养机构，培养相当于研究生水准的游戏开发人员；"10"是在现有的大学中建立 10 个以上培养游戏开发技术人才的院系。

（6）建立 4 个国家级游戏产业基地，初步定在上海、北京、广东和四川。

（7）建立几个国家级网络游戏技术研发中心，部分研发中心要采用研究生和生产运营相结合的方式，有些研发中心会设在现有的大型网络游戏企业内。

❶ 李萱娜. 新闻出版署将大力扶植民族网络游戏和动漫基地［EB/OL］.（2004-06-16）［2020-05-10］. http://www.china.com.cn/policy/txt/2004-06/16/content_5587317.htm.

❷ 王亚晖. 中国游戏风云［M］. 北京：中国发展出版社，2018：278-279.

（8）培养一批中国游戏产业的核心企业，预计有 10 家到 20 家企业会被列入核心企业的名单之中。

（9）设立国家级游戏开发大奖，奖励那些在开发方面具有贡献的游戏产品和人员。

这项颁布于 21 世纪初的网络游戏扶持措施充分吸收了发达国家的类似经验，比如韩国推进培训网络游戏产业从业人员及培育公众对网络游戏正确观念的教育事业的经验❶，美国扶持适用于教育的网络游戏的开发与运用的经验❷。回顾十几年前的扶持措施，尽管基于种种困难，当年有关为网络游戏设立国家级奖励、建设"中国历代杰出人物游戏系列"大型游戏工程、创办 10 个以上培养网络游戏开发技术人才的院系及 1 所网络游戏研究生层次开发技术人才的培养机构等设想均未落实，但国家扶持覆盖面之广、力度之强，不仅在国内已达顶峰，在国际上也属于一流水平。

与以往的"民族网络游戏出版工程"相比，"中国原创游戏精品出版工程"更讲求可行性，因而扶持措施相对减少，扶持力度有所下降。以 2016 年第一批中国原创游戏精品出版工程为例，其扶持措施有 4 条❸：

（1）对作品入选"游戏精品工程"的研发、出版、运营企业和研发团队（个人）以及作出突出贡献的组织实施部门，总局予以通报表彰，并颁发证书。

（2）对作品入选"游戏精品工程"的研发企业，总局和各地出版行政主管部门在其所研发游戏作品申报出版审批以及从事游戏运营业务申办网络出版服务许可时，提供优先安排，给予专门指导。

（3）各级出版行政主管部门要通过多种渠道，大力宣传"游戏精品工程"及其入选作品、相关企业，扩大游戏精品影响力和工程示范作用。

（4）各级出版行政主管部门要积极主动采取措施推进"游戏精品工程"，在优惠政策、项目扶持、表彰奖励、教育培训等方面优先考虑"游戏精品工程"

---

❶ 周笑冰. 韩国政府的游戏产业扶持政策及启示 [J]. 特区实践与理论, 2012 (6)：60-63.

❷ 曾玉英. 美国网络游戏管理及其对我国的启示 [J]. 出版发行研究, 2016 (7)：78-80.

❸ 中华人民共和国中央人民政府网站. 新闻出版广电总局关于实施"中国原创游戏精品出版工程"的通知 [EB/OL]. (2016-11-24) [2020-05-16]. http://www.gov.cn/xinwen/2016-11/24/content_5137162.htm.

入选作品、相关企业，促进相关企业可持续发展。

除了网络游戏行业主管部门的直接扶持外，我国其他相关部门也对网络游戏的发展给予了不同程度的扶持。

1. 科研扶持

早在 2003 年 9 月，科技部已将"网络游戏通用引擎研究及示范产品开发""智能化人机交互网络示范应用"两个项目纳入国家 863 计划。这是我国首次将网络游戏技术纳入国家科技计划，标志着网络游戏产业获得国家认可并开始推动网络游戏技术自主研发。❶ 国家对网络游戏行业的扶持并不局限于自然科学领域，国家社会科学基金从 2012 年起开始扶持网络游戏相关项目研究。

2. 教育扶持

长期以来，中国高等教育未设置与游戏研发、运营或竞赛相关的专业，绝大多数游戏产业从业人员全靠自学、自悟，导致中国游戏产业尽管发展迅猛却后劲不足。这是中国游戏作品整体质量落后于发达国家作品的重要原因之一。

中国政府已开始关注该问题。2016 年 9 月教育部在《普通高等学校高等职业教育（专科）专业设置管理办法》中增补 13 个专业，其中包括电子竞技运动与管理专业。以培养传媒类人才为方向的中国传媒大学南广学院（本科），以培养运动员为方向的锡林郭勒职业学院（中专）都是较早开设该专业或研究方向的院校。另外上海体育学院（电子竞技解说方向）、上海浦东群星职业技术学校、上海戏剧学院（电子竞技舞台设计方向）等也开设了相关专业。目前国内开设电竞专业的高校和职业学院已经有 20 多所。❷ 2018 年 2 月 6 日，中国首个高校电竞体系化联盟"富联盟"成立。❸

3. 电竞扶持

2019 年，腾讯公司高级副总裁马晓轶在上海举办的 2019 全球电竞大会上说

❶ 刘胜枝. 网络游戏的文化研究［M］. 北京：北京邮电大学出版社，2014：30-31.
❷ 方怡君. "打游戏"专业趋热 电竞教育面临课程、师资难题［N］. 新京报，2018-9-17（D02）；范彦萍. 上海出版印刷高等专科学校将首次开设电子竞技运动与管理专业［N］. 青年报，2018-12-22（A08）.
❸ 电子竞技［N］. 台州晚报，2018-10-28（02）.

"中国电竞的黄金时代已经到来"，中国电竞产业发展正迈入全新阶段。❶ 除了全球范围内著名的 WCG（世界电子竞技大赛）、ESWC（电子竞技世界杯）等电竞赛事外，我国举办的各类电竞大赛主要有 WESG（世界电子竞技运动会）、CEST（中国电子竞技娱乐大赛）、CPL（英魂之刃职业联赛）、LPL（英雄联盟职业联赛）、CFPL（穿越火线职业联赛）与 KPL（王者荣耀职业联赛）等。❷

中国电子竞技的快速发展离不开国家扶持。一方面，国家相关部门将电子竞技定位为"体育比赛项目"为其蓬勃发展奠定了基础。2003 年 11 月国家体育总局正式将电子竞技列为第 99 号正式体育竞赛项目。2008 年国家体育总局又将电子竞技改批为第 78 号正式体育竞赛项目。受包括中国在内亚洲若干国家电子竞技活动蓬勃发展的影响，2018 年第 18 届亚运会将电子竞技纳为表演项目。于2022 年举办的第 19 届亚运会已将电子竞技纳为正式比赛项目。❸ 另一方面，国家相关部门明确指出电子竞技是促进竞技活动的一项重要手段，应鼓励电子竞技赛事的开展。比如 2016 年国家发展改革委发布的《关于印发促进消费带动转型升级行动方案的通知》明确指出"以企业为主体，举办全国性或国际性电子竞技游戏游艺赛事活动"。同年文化部也专门发文提出"支持打造区域性、全国性乃至国际性游戏游艺竞技赛事"。❹

4. 特殊资源扶持

网络游戏行业发展所需的部分特殊资源有时不是游戏企业能够凭借自身实力从市场上获得的。比如军事题材网络游戏的设计与后续改版，大都需要获取军事装备样品以及军事专业技术指导。如果不能获得国防部门全力扶持，游戏企业基本上不可能在网络游戏中逼真地再现军事装备与军事活动。与此同时，通过文化产品宣传军队正面形象一向属于军队的重要任务之一。军队自身通常缺乏文化产品创作能力，因此一般都是通过扶持军事题材文化产品创作者来完成前述宣传任务。这方面的典型代表是长期扶持符合其主流价值观的文化产品的美国军方。美

❶ 高少华，孙丽萍. 游戏业 2019 显现三大新风口［N］. 经济参考报，2019-8-6（A08）.
❷ 张锐. 中国电子竞技进入最好的时代［N］. 证券时报，2017-10-10（A003）.
❸ 电子竞技［N］. 台州晚报，2018-10-28（02）.
❹ 张锐. 中国电子竞技进入最好的时代［N］. 证券时报，2017-10-10（A003）.

国军方内部设有与电影、电视行业联络的中介机构，其中最著名的是美国国防部的中介机构。为了满足业界拍摄电影时对武器装备的需求，美国国防部中介机构网站对武器装备平台的租用进行明码标价。但如果碰上诸如《壮志凌云》《黑鹰坠落》与《变形金刚》系列之类五角大楼特别满意的电影，军方会在武器装备、爆破场景、军事基地、军事术语、战术动作等方面不遗余力提供扶持。❶

我国军事部门也曾对国产军事题材游戏给予扶持。比如《光荣使命 OL》涉及的全部武器资料均由南京军区提供。南京军区还允许游戏企业工作人员去部队射击场对相关武器逐个试射、拍照、测量及拆解，以求在游戏中全面地、真实地还原相关武器。

观察网络游戏国家扶持现状，还有以下改进空间。

（1）在全面评判社会效益基础上确定扶持对象

国家扶持网络游戏当然不是为了帮助游戏企业获取更多的市场利益，而是为了借助企业制作的游戏产品传播中华优秀文化，在网络游戏领域更好地推进文化建设。要促使网络游戏产生更好的社会效益，确定扶持对象时应着重衡量两个标准：其一是游戏在传播优秀文化或中华文化方面有突出表现或巨大潜力，其二是游戏在玩家人数方面有突出表现或巨大潜力。之所以把玩家人数也作为衡量指标之一，是因为只有吸引到大量玩家，游戏蕴含的文化才有可能获得广泛传播；如果一款游戏长期处于"鬼服"❷状态，哪怕其文化内容再好，也达不到传播效果。总之，国家扶持的预期效果应当是引导和帮助游戏企业研发出文化内容优秀且技术相对先进的热门网络游戏。

此外，国家扶持亦须讲质量、讲效率。当前国内网络游戏行业存在的主要问题之一是多数企业没有在该领域长期耕耘、向国际著名游戏企业进军的信心与诚意。这些企业愿意制作出大量游戏，但基本上不愿意花费很多时间与资金打造一款精品游戏；出于赚快钱的心态，他们在创意方面以抄袭为主，在图像与剧情方面粗制滥造，在游戏制度建构与运营策略方面极少顾及玩家间实力的平衡与公

---

❶ 张焱. 美军全面"入侵"好莱坞［J］. 商学院，2014（4）：28-30.
❷ "鬼服"是网络游戏行业术语，指因某款游戏玩家人数极少，当玩家进入该游戏时，基本上只能看见非玩家游戏角色在活动，而见不到其他玩家。

平，最终留不住大多数玩家。❶ 因此政府选择扶持对象时必须深入了解这些企业致力于传播优秀文化的诚意与实力，不论是严重缺乏创意的还是在技术与细节上粗制滥造的，哪怕其游戏作品确实含有一些正能量，都不能扶持。

（2）根据我国文化建设具体需要确定扶持重点

对网络游戏的国家扶持不宜平均用力，而应在充分考量维护我国文化建设的具体需求的基础上确定扶持重点。比如在错误的政治观念与历史观念充斥网络之时，国家应该重点扶持政治题材游戏与历史题材游戏，以传播优秀的政治文化与历史文化，抵消网络不良信息的错误影响。

需要特别注意的是：当某些国家纵容其本国企业发行反华游戏或者含有丑化社会主义制度形象、美化中国分裂势力、篡改中国领土版图、歪曲中国历史等内容的游戏时，我国的应对措施不应局限于禁止此类游戏进入中国市场，还应根据具体情况，贯彻国际交往的对等原则❷，在尊重事实的基础上扶持我国企业设计一些具有反击功能的网络游戏。在国际关系中我国一向争取和平与协作，在面对顽固的敌对势力时也不应忘记"以斗争求和平则和平存，以妥协求和平则和平亡"❸。

网络游戏诞生以来，一些发达国家的游戏设计者对华人抱有严重的种族歧视，对中国共产党的社会主义道路持有严重的政治偏见，经常设计、发行不符合我国文化建设方向的网络游戏。面对来自中国民众的抗议，发达国家常以网络游戏设计属于表达自由为依据，拒绝对游戏内容做任何删改。虽因违反中国法律，这些游戏无法进入中国市场运营，但他们把游戏服务器架设在境外，中国玩家仍可登录外国服务器接受游戏服务。这类游戏不仅对外国玩家也对部分中国玩家传播不利于我国文化建设的信息，而中国通常难以制止。从技术上阻止中国玩家登录外国服务器困难较大，并且哪怕能够阻止中国玩家登录也无法阻止外国玩家登录这类服务器。针对这类暂时无法用法律手段、外交手段或技术手段解决的不利

---

❶ 程昭华. 手机游戏迎来野蛮生长 [N]. 大河报, 2013-8-15 (F03)；王法治. 网络游戏"托儿"不可持续 [N]. 人民日报：海外版, 2019-5-27 (08).

❷ 刘复之. 中华人民共和国法律大辞书 [M]. 长春：长春出版社, 1991：1599.

❸ 毛泽东等老一辈革命家曾多次提醒，以斗争求和平则和平存，以妥协求和平则和平亡，讲的就是斗争的辩证法。参见晁星. 永葆斗争精神走好逐梦之路 [N]. 北京日报, 2019-9-6 (03).

于我国文化建设的问题，最好的应对方式是通过对等处置措施。具体措施是，一旦发现某些国家纵容本国游戏企业设计、发行违背我国文化建设目标的游戏，在外交交涉无果的情况下，中国应鼓励、扶持本国游戏设计者研发对这些国家具有攻击性的网络游戏，并在国内外市场发行。这类游戏最理想的设计方式是：主要依靠事实而不是虚构，向国内外玩家揭露这些国家的各类弊病与丑闻。不论是美国警察对有色人种的歧视、美国农场主对黑奴的虐待、美国殖民者对印第安人的种族灭绝，还是英国从黑奴贸易与鸦片贸易中攫取的肮脏财富、英国对殖民地残酷压榨导致的爱尔兰大饥荒，这些公认的事实在必要情况下都可成为很好的游戏剧情。

1999 年发行的《决战朝鲜》与 2012 年发行的《光荣使命》都是中国游戏企业反击美国文化侵略的有益尝试。可惜这两款游戏对帝国主义的恶行揭露得不够深刻，其技术水平也相对落后，最终未能在市场上长久存续。假如能够获得国家的更多扶持，今后研发的此类游戏应当会达到更高水平。

（3）为优秀游戏设计者提供必要精神鼓励

研发一款社会效益和经济效益都达到较高水平的游戏，往往比只考虑一种效益的游戏研发难度更大。游戏研发者在网络游戏领域尽心尽力地开展文化建设，所追求的不只是金钱，还有荣誉。天津社科院舆情研究所所长王来华曾建议："有关部门应该加强舆论引导，比如在游戏行业也搞类似金鸡奖、百花奖，让中央电视台等各种权威媒体进行报道。这样既有利外界对产业的认识，也有利从业人员向政府希望的方向努力。"❶

最近几年国家正在尝试设立层次较高的游戏行业奖项，其代表是由国家新闻出版广电总局主管的"游戏十强"系列奖项。由于该奖项设立较晚，距离达到国内外知名程度还比较远。此外，尽量在评奖活动中多次宣传"激发正能量"，从奖项名称设计与历年评选结果来看，该奖项还是存在过度偏重经济效益、相对忽视社会效益的不足。当然考察任何一款网络游戏的社会效益都是非常复杂和专业的问题，有待在今后实践中逐步解决。

---

❶ 王乐. "网瘾"、社会责任与网络游戏未来 [N]. 经济观察报，2005-6-13（28）.

(4) 利用市场资源扶持优秀外国游戏

迄今为止，以有利于文化建设而开展的国家扶持都是针对国产网络游戏的，暂无扶持优秀外国游戏的先例。之所以如此，可能是考虑到外国游戏企业肯定要受其所在国法律、政策影响；当其所在国法律、政策与中国的法律、政策存在较大差异时，很难指望外国游戏企业会服从中国的引导。这种顾虑不无道理，但要引导外国公司只是存在困难，并非毫无可能。

尽管中国游戏产业近年来发展迅猛，但不可否认，当今世界游戏强国仍是以美国、韩国、日本为代表的若干资本主义国家。这些国家的游戏产品在中国国内市场上拥有不逊于中国国产游戏的影响力，在国际市场上的影响力则远超中国国产游戏。虽然基于意识形态差异，中国基本上不可能引导这些国家的游戏企业研发出认同社会主义意识形态的游戏；但如果只是引导其研发传播中国传统文化的游戏尤其是传播中国古代优秀文化的游戏，不会违反其所在国法律与政策，是相对可行的。

近几年来，中国与美国轮流成为世界最大的游戏市场（按市场收入总额排序）。对于外国游戏企业而言，中国市场就是最有吸引力的重要资源。我国如果能够扶持国内游戏市场健康发展，再将外国游戏对中华文化的传播力度作为市场准入的衡量标准之一，应当能够引导外国游戏企业提高其游戏产品中的中华文化含量，使其在全球市场上帮助中国讲好中国故事。此外，国家还可考虑鼓励中国企业收购潜力较好但资金不足的外国游戏企业的股份，以提高引导外国游戏发展的便利程度。

（二）行业自律

在网络游戏领域开展文化建设，国家有关部门无疑应是核心主体，但社会各阶层也有责任积极参与。近年来国内陆续组建了若干网络游戏专门性自律组织，有助于督促游戏企业更好地履行社会责任。中国网络游戏专门性自律组织成立时间不长，可以考虑实施以下改进。

1. 深入挖掘网络游戏专门性自律组织开展文化建设的效能

2017 年 9 月，以"2017 中国网络游戏健康发展高峰论坛"为契机，国内一些游戏企业和其他企业团体自愿组成了中国网络游戏自律联盟，以新华网为其主管单位；公安部、网信办、工信部、广电总局等相关部门领导出席了此次论坛。该组织成立后即发出《中国网络游戏行业自律倡议书》，以求营造良好社会风尚、弘扬中华文化正能量。2018 年 12 月，网络游戏道德委员会在中宣部指导下成立。其成员包括来自有关部门和单位以及高校、专业机构、新闻媒体、行业协会的研究网络游戏和青少年问题的专家、学者。网络游戏道德委员会的主要工作是对存在道德风险的网络游戏进行评议。❶ 中宣部出版局局长冯士新曾对其职能进行过更具体的说明，即：主要针对上线后社会争议较大、舆论反应较集中，以及上线前可能会引发道德风险的部分产品进行评议；不会对所有游戏进行评议，也不会取代专家审查。❷

　　两个网络游戏专门性自律组织各有优缺点，存在一定的改进空间。网络游戏自律联盟成员的代表性、透明性相对较强，但都来自企业界。这样的成员结构更有利于维护企业界的经济利益，但不太有利于督促游戏企业履行在该领域开展文化建设的社会责任。网络游戏道德委员会在评判标准、工作机制、人员构成方面的透明性有待提升。在此之前，其评判结果恐怕会受到一定程度的质疑。从已公布信息看，其成员结构中游戏企业从业人士所占比例不高，可能会更利于开展文化建设，但对游戏企业的正当利益考虑是否周到尚不明确。要深入挖掘网络游戏专门性自律组织开展文化建设的效能，笔者认为可考虑把这两者的特点结合起来，以现有的网络游戏自律联盟与网络游戏道德委员会为基础，重新组建一个新的自律组织"网络游戏文化建设委员会"。

　　从制度与组织结构上看，网络游戏文化建设委员会既应实现成员代表的广泛性与组成人员的透明性，即广泛接纳来自游戏企业、法律界、教育界以及党和政府相关部门代表参与并对外公开组成人员来源与身份信息，又应尽可能实现组成人员的均衡性，即可能偏重于企业经济效益的成员与可能偏重于企业社会责任的成员大致均衡，使来自游戏企业的人员在比例上大致适中。之所以要强调组成人员的均衡性，是因考虑到企业界以外的人士对游戏市场客观规律可能缺乏了解，

❶　网络游戏道德委员会成立并开展作品评议［N］. 人民日报，2018-12-8（6）.
❷　刘诗洋. 版号审批重启，网络游戏道德委员会守门［EB/OL］.（2019-01-08）［2020-05-10］. http://www.infzm.com/contents/143650.

若在自律过程中过分忽视市场规律而导致国内游戏行业丧失超越外国同行的宝贵机遇，从长远看对网络游戏领域开展文化建设也是不利的，所以来自游戏企业的成员比例不宜过低；同时，企业界以外的人士尤其是来自党政部门的人士对开展文化建设可能更为关注，更有能力、有意愿推动网络游戏文化品质的改善，所以来自游戏企业以外的成员比例也不宜过低。来自党政部门的人士数量不必很多，但必须设立一定机制确保网络游戏文化建设委员会的重要工作能够受到党的有效领导。

从自律范围看，网络游戏文化建设委员会既要继续解决受到公众尤其是游戏玩家家长广泛批评的色情、赌博、过度暴力问题与游戏沉迷问题，又要重点解决网络游戏中存在的传播错误政治文化或历史文化的问题。后一类问题所受关注不太多，但危害比前一类问题更加严重。

从自律效果看，网络游戏文化建设委员会只是自律组织而非执法机关。它可以经常对国内市场上有争议的网络游戏开展评判工作，但评判结果不应有强制性，而只能用于给政府相关部门及消费者提供参考、给游戏企业提供指引。

2. 有效推广网络游戏道德规范

网络道德是网络活动的一种客观精神，是网络主体的行为规范和道德担当。随着网络虚拟化生存方式的深入发展，网络道德成为每个个体必须遵循的道德规范。在复杂的网络关系中个体要选择相应的道德行为，并对其过失及不良后果承担责任。作为一名合格的网民，必须注重维护网络的公共道德，加强自律。❶ 网络游戏领域也应有道德规范，它是网络道德在网络游戏领域的具体表现形式。在网络游戏中如何交谈、如何交易、如何竞争、如何互助，均应自觉遵循一定的规范，只有这样，每个玩家才能在和谐的虚拟世界中顺利地休闲、娱乐。

当前国内不缺网络游戏道德规范。这些道德规范的内容也相当周详，可改进余地不大。存在的主要问题是这些道德规范未获有效推广。在问卷调查中，笔者发现绝大多数游戏玩家从未真正阅读过任何网络游戏道德规范。在深度访谈中笔者又发现：即便如此，一些玩家对如何在游戏中自律并非一无所知，而有能力从

---

❶ 程伟. 国家文化安全问题研究——基于改革开放以来社会意识变动的视角 [M]. 北京：人民出版社，2017：287.

日常生活道德中推导出部分网络游戏中应遵循的道德规范；但所知并不全面。由于对网络游戏道德规范了解不足且对个别规范缺乏认同，窃取或骗取他人游戏账号或其他虚拟财产、抢夺本应归属其他玩家的掉落道具、辱骂其他玩家、故意让自己扮演的游戏角色过度暴露等不道德行为在网络游戏中相当普遍。

全面消除所有网络游戏中的不道德行为可能不太现实。但假如多数网络游戏不是把网络游戏道德规范设置于多数玩家根本不会阅读的游戏协议内，而是将其安插在正常游戏活动中——比如新手指引活动、有奖答题活动、部分日常任务以及玩家与非玩家游戏角色的交往活动中，那么多数玩家就不得不认真阅读网络游戏道德规范，从而切实提升网络游戏道德规范推广的效果。

3. 建立网络游戏分级制度

关于在国内建立网络游戏分级制度的建议由来已久。2017 年 4 月，首都师范大学教育技术系教授方海光等学者建议政府和监管部门尽早对游戏产品建立分级制度，维护未成年人健康的上网环境。● 2017 年 6 月，全国人大代表周建元呼吁尽快对网络游戏进行审查分级。2018 年"两会"期间，全国政协委员于欣伟提出题为《关于加快推动网络游戏分级制的建议》的议案。2019 年出版的教材《游戏学》专设一节介绍游戏分级。●

我国网络游戏主管部门对分级制度的态度尚不明朗。依据在于：原主管部门颁布的部门规章《网络游戏管理暂行办法》中以及新主管部门关于整顿网络游戏市场的若干行政命令中，其实都已借鉴了网络游戏分级制度的部分内容，即要求游戏产品应有适龄提示、某些游戏应禁止未成年人接触。但主管部门至今未制订完整的游戏分级制度。之所以如此，可能是因为该问题比较复杂，短期内难以拟订完善的网络游戏分级制度方案。

游戏分级制度起源于欧美国家，在实践中确实较好地保护了未成年人权益。这也是当前社会各界呼吁建立中国网络游戏分级制度的主要原因之一。实际上，全面照搬欧美游戏分级并不可行，主要原因在于欧美国家将淫秽色情信息传播视为表达自由的组成部分之一，允许其在限制范围内合法存在；其游戏分级制度也

● 张漫子. 青少年用网健康谁来保护？［N］. 经济参考报，2017-4-7（A24）.
● 北京大学互联网发展研究中心. 游戏学［M］. 北京：中国人民大学出版社，2019：330.

允许游戏传播淫秽色情信息，只是按程度不同限制了接触游戏的玩家年龄。中国传统文化与当前国情均不允许传播任何程度的淫秽色情信息，当然就不可能全面接受欧美游戏分级制度。

可是完全不建立游戏分级制度也不太可行，主要原因在于游戏内容的真实性、娱乐性客观上不可能与当前主流价值观的直白表达方式兼容，而当前主流价值观含蓄的、间接的表达方式又难以被未成年人所理解。

具体而言，从游戏内容的真实性角度看，一款中国古代历史题材游戏能否如实展现妓院、跪拜之类的场景？一方面，妓院代表色情产业合法化以及男尊女卑；跪拜代表人与人不平等，有高低贵贱之分。这些场景所蕴含的价值观显然不可能被今人认可。另一方面，在中国古代妓院通常都是合法存在的，人与人之间确实是不平等的。网络游戏如实反映历史事实不可能有错。反之，假如在中国古代历史题材游戏中人与人之间无高低贵贱之分，男性对女性全都像欧洲绅士那样彬彬有礼，官僚贵族对平民百姓全都像人民公仆那样温和宽厚，甚至还虚构出诸如妇联、工会、人民代表大会之类的机构来，那就不再是反映历史而是恶搞，已严重违背马克思主义者一向遵循的历史唯物主义。笔者认为，原则上任何历史标题文化产品都应遵循历史唯物主义，网络游戏也不例外。站在现代人立场上看，中国古代文化有精华也有糟粕。反映历史必须真实，那种只反映精华不反映糟粕的做法，或者把糟粕歪曲为精华的做法，必定背离真实。至于如实反映古代文化中的糟粕可能违背当代主流价值观的问题，其实不难解决。历史题材文化产品展现古代糟粕，可以以各种形式巧妙地进行批判，使受众在接触文化糟粕的同时也能接触到对它的正确评价，通常不会造成对受众价值观的误导，也不会违背当代主流价值观。

从游戏内容的娱乐性看，某些游戏内容带来的新鲜感、刺激感是吸引玩家的重要因素。当然，新鲜的事物（比如君临天下对现代人而言确实挺新鲜）未必能与当代主流价值观兼容，刺激的事物（比如游走在生死边缘的恐怖确实能给部分玩家带来刺激体验）未必有利于玩家的心理健康。不过绝大多数成年人都具备区分虚拟与现实的能力以及较好的心理承受力，只要不是网络游戏刻意宣扬不良信息，通常不会造成负面影响。

对于游戏设计者，消除可能存在的负面影响又不妨害游戏的真实性、娱乐性的方法很多，但这些方法通常都是间接的、含蓄的。社会阅历较广、价值观相对成熟的成年人不难领会游戏设计者的用意，但未成年人确实缺乏这种能力。为切实维护未成年人正当权益，网络游戏分级制度势在必行。在设计中国网络游戏分级制度时，有三个要点必须把握：（1）以网络游戏内容与当代主流观念差异的大小作为分级衡量标准之一。（2）以不同年龄层次玩家分辨能力、理解能力、领悟能力能否使其免受不良影响作为分级衡量标准之二。（3）所有网络游戏必须在指定机构进行分级评定并在产品中进行明确的分级提示。

四、优化网络游戏教学科研、引导文化建设实践

人类发展的每个历史阶段，总会出现符合当时生产力水平的主流文化娱乐活动；而随着生产力水平的提升，主流文化娱乐活动的变更就会来临。在中国古代社会，歌舞、曲艺、戏剧、说书在主流娱乐领域独领风骚；电气时代帮助广播与影视登上主流娱乐领域的巅峰；网络时代的到来，则有可能使网络游戏成为最受欢迎的主流娱乐方式。虽然无法预测下一次科技革命会导致主流娱乐领域发生什么样的巨变，但至少在目前，我们仍无视网络游戏这一新兴的文化娱乐产业的迅速崛起。

每种新兴文化娱乐活动诞生之初，总会面临诸多问题，网络游戏也不例外。如今公众对网络游戏意见最大的不良信息问题，在广播、影视、小说领域同样存在过，并且至今还未完全解决。假如一种文化娱乐活动存在难以解决的问题，就主张放弃它，那么人类社会中没有哪种文化娱乐活动是不应放弃的。只有通过发展专业化教育，为新兴文化娱乐行业培育具备较强专业能力与社会责任感的从业人员；通过推进新领域、新课题的研究，为消除新兴文化娱乐行业发展障碍寻求更高效的对策，才能够尽可能妥善地解决问题，并给人民带来越来越多的自由与福祉。正因网络游戏是新生事物，我国网络游戏领域的教学科研也才起步不久。针对当前的发展状况，可考虑推进以下措施。

（一）拓宽网络游戏专业范围与增加文化建设教学内容

当前我国高校网络游戏相关专业设置相对狭隘，仅限于电子竞技运动与管理

专业。相应地，国内出版的教材也只能局限于这一范围。在电子竞技这种相当狭小的专业范围内很难容纳关于网络游戏领域文化建设的教学内容。以《电竞解说概论》❶为例，作为国内首部电竞教材，全书完全不涉及文化建设的理论与知识。在这种情况下，哪怕学界确实产生若干关于国家文化建设的成果，也无法应用到网络游戏相关专业教学实践中。其实即便在电竞教材中塞进文化建设的相关内容，或者在该专业领域新增相关课程，也很难真正解决问题，因为网络游戏领域的文化传播隐患主要根植于游戏设计尤其是游戏内容设计领域。

要从根源上解决问题，必须确保多数网络游戏行业人才特别是游戏设计人才具备较高的文化建设理论知识。这就要求高校网络游戏领域专业设置必须全面拓宽而不能局限于电子竞技运动与管理范围、游戏设计的相关专业应当成为该领域专业早期建设的重点、必须加快建设面向所有网络游戏相关专业的文化建设类课程与教材。

（二）改善网络游戏内容研究领域的科研平台建设

有关网络游戏中文化传播的研究主要属于网络游戏内容研究范畴。国内网络游戏领域的所有研究都起步不久，研究成果较少，研究人员数量也不多。目前已建立的科研平台多带有企业烙印——或是企业自设，或是校企合办。这类科研平台的研究方向有时可能会受企业研发目标限制而相对偏狭，比如在研究范围上不能放眼全球网络游戏相关现象而只研究其创设企业游戏研发目标涉及的网络游戏现象，又比如在研究对象上不能从全球顶尖网络游戏入手开展研究而以其创设企业研发的某款游戏为研究重点。

欲解决此类问题，需在高校或国有科研院所中加快相关科研平台建设，特别是网络游戏内容研究领域的科研平台建设。独立于企业的科研平台固然可能存在研究与实践结合不够紧密的弱点，却不会受企业利益束缚，能够立足于更合理的位置，以公正、客观的态度评析所有网络游戏现象，使其研究结论更能为所有网络游戏研发者而非某一企业提供借鉴。

（三）建立健全科学的网络游戏文化评论体系

前文化部文化市场司副司长庹祖海曾指出：网络游戏作为科技文化结合的新

---

❶ 张越舟. 电竞解说概论［M］. 成都：四川大学出版社，2017：1-174.

产物，不仅逐步成为文化产业的重要组成部分，还要以其自身的文化内容含量在文化艺术中占有应有的地位。科技与文化结合的产物以前最突出的就是电影和电视剧，影视从一种娱乐品种逐步发展成为新兴的艺术门类，由此成为文艺评论的重点对象，成为学术研究的重要领域。很多国家都有电影学院，有许多电影评论杂志，重要的报刊要刊发影评，电影以及电视剧成为文艺评论和学术研究的重要领域和对象。网络游戏的市场规模已经大大超过电影市场，但是我们至今没有看到有水平的网络游戏评论。另一方面，作为多媒体的网络游戏具有比其他艺术形式更加丰富、有力的表现手段，但目前游戏的内容与这种手段还远远不能匹配。这种状况与网络游戏发展的规模、速度、影响力不相适应。因此加强网络游戏文化评论是这个行业自身发展的必然要求。❶

同时，在网络游戏的自律与他律领域，网络游戏中文化传播的首要工作是判定游戏产品是否对我国文化建设存在现实威胁或隐患，而这离开不科学的网络游戏文化评论体系建设。该体系基本上可分为评论指标体系与评论主体体系两部分。

在评论指标体系部分，宏观评论指标大致包括：坚持遵循优秀文化前进方向、人民群众满意作为评论作品的最高标准。坚持社会效益第一、社会效益与经济效益相统一的原则，努力弘扬社会主义核心价值观。❷ 但微观评论指标还不够清晰、完善，有可能影响到评论的合理性、客观性。如何立足于中国实践、借鉴发达国家网络游戏评论指标经验，尽快建立起令人民满意的、更有利于实现我国文化建设目标的微观评论指标，是当前需尽快解决的问题。

在评论主体体系部分，设法实现政府评论与企业评论、民间评论相统一，实现专家评论与群众评论、市场评论相统一，实现评论阵地建设与评论人才队伍建设相结合，是较好的发展道路。2011 年 10 月，受文化部文化市场司委托，由北京大学文化产业研究院牵头，联合有关大学研究机构、媒体和行业组织组建了"游戏评论联盟"。这是国内第一个推动网络游戏评论学科建设、开展评论活动、

❶ 庹祖海. 开展网络游戏文化评论［C］//北京大学文化产业研究院，人民网研究院. 快乐消费的文化底色：网络游戏评论文集，北京：人民日报出版社，2012：1-2.
❷ 庹祖海. 开展网络游戏文化评论［C］//北京大学文化产业研究院，人民网研究院. 快乐消费的文化底色：网络游戏评论文集，北京：人民日报出版社，2012：5.

引导和规范网络游戏经营行为、促进网络文化健康发展的规模较大的游戏评论阵地。❶ 此外包括《北京邮电大学学报》《文化月刊》等在内的一些期刊，以及以《人民日报》为代表的一些报纸，都发表过涉及网络游戏文化评论的文章。今后需要重点推进的工作可能有两方面：其一是提高政府评论的透明度并加强其与其他主体评论的结合。其二是切实加强游戏评论人才队伍建设，既可考虑在高校开设新的专业或研究方向以培养专业游戏评论人才；又可考虑以各种游戏评论阵地为依托，强化高校、科研院所、游戏企业与媒体的合作，广泛吸收各界人士参与，以此培养游戏评论的"兼职"人才。

五、开展玩家媒介素养教育、培育有利于中国文化建设土壤

建立现代化的国家治理体系是当今中国的重要发展方向。从横向角度看，现代化的国家治理体系由国家治理和社会治理两部分组成。❷ 社会治理要求释放民间力量，让社会各方主体都参与公共事务、解决社会问题。对网络游戏中存在的文化传播问题的社会治理，不仅要推动行业组织更深入地参与治理，还要尽力发动游戏玩家参与治理。因为游戏玩家才是网络游戏领域数量最庞大的群体，并且对于游戏文化所产生的实际影响，他们有时比其他主体了解得更全面、更深刻。

发动游戏玩家参与网络游戏文化建设领域的社会治理，主要需完成两项任务：一项任务是设法提升广大游戏玩家的媒介素养与文化建设素养。万一某些游戏含有危害国家文化建设的不良信息，提升这两项素养可以减少玩家所受影响。此外，文化建设素养较高的玩家还可主动协助行业组织和相关政府部门揭露和消除游戏中的危害文化建设的内容。另一项任务是改进游戏玩家参与措施。在玩家参与方面，以往的措施主要是鼓励玩家举报游戏中存在的违反法律或道德的问题。笔者认为，玩家参与的范围还可扩大到对游戏评论的参与对某些游戏设计的参与；玩家参与措施也应朝更有鼓励性以及更便利的方向改进。具体改进对策主要有以下几项。

---

❶ 庹祖海. 开展网络游戏文化评论 ［C］//北京大学文化产业研究院，人民网研究院. 快乐消费的文化底色：网络游戏评论文集，北京：人民日报出版社，2012：5.

❷ 郁建兴. 辨析国家治理、地方治理、基层治理与社会治理 ［N］. 光明日报，2019-8-30（11）.

（一）强化和优化游戏玩家媒介素养教育与文化建设素养教育

从年龄层次上看，青少年是网络游戏玩家中数量最大的群体，也是网络游戏不良信息伤害最重的群体。因此尽管面向游戏玩家的媒介素养教育与文化建设素养教育要全面考虑各年龄层次玩家的需求，但仍须以青少年玩家作为主要教育对象，将多数教育资源向青少年玩家倾斜。

对于青少年游戏玩家，目前最急缺的是能帮助其提升游戏领域媒介素养与文化建设素养的普及读物。为解决此问题，国家应立项予以鼓励。这类普及读物不能照搬普通媒介素养教育或文化素养教育的一般性内容，而必须结合网络游戏中存在的特殊现象设计专门性内容；不仅要从宏观上帮助读者识别游戏中可能存在的不良信息并掌握抵制手段，还要从微观上帮助读者了解哪些游戏危害性较大、哪些游戏内容中优秀文化或中华文化含量较高、哪些游戏将优秀文化或中华文化传播与娱乐功效结合得较好，从而帮助青少年玩家及其家长做出合理取舍❶。为吸引青少年阅读，这类普及读物最好不要写成教材形式而是写成故事、小说等其他形式，且用语应尽量通俗、风趣、幽默。在针对青少年玩家的教育途径方面，因当前中国学生特别是中小学生课业负担较重，不宜在校内教育中增加新课程；除青少年玩家自行阅读相关普及读物外，还可考虑鼓励社会教育机构增设此类课程，由在这方面急需帮助的青少年玩家及其家长根据具体情况自行择课。

（二）改进游戏玩家参与措施

早在国家治理体系现代化目标提出之前，我国游戏玩家就经常通过举报游戏中存在的问题，在事实上参与了网络游戏领域的社会治理。比如 1999 年 6 月 5 日，赵海涛向媒体举报《三角洲特种部队》存在疑似反华内容。相关机构调查后，媒体进行了报道，比如《中国国防报》刊发《美国将"导弹"装进游戏软件"特种部队"对我发动文化战争》一文，抨击"美国通过电脑游戏将这些霸权主义的文化产品悄悄向中国渗透，妄图以此摧毁用导弹打不垮的目标。"❷ 该款游戏最终被全面禁售。2012 年 5 月 8 日，刘琳以游戏的辱华内容"侵犯中国人

---

❶ 孙佳山，孙静. 网络游戏成瘾背后是游戏素养的匮乏［N］. 中国青年报，2018-10-24（02）.

❷ 丁宅铮，等. 美国将"导弹"装进游戏软件"特种部队"对我发动文化战争［N］. 中国国防报，1999-6-21.

的人格权"为由，向北京市大兴区人民法院起诉网络游戏《凯恩与林奇2：伏天》的制作与发行公司。❶ 2014 年 12 月 31 日，刘睿哲在文化部网站上实名举报索尼（中国）有限公司将于 2015 年 1 月在中国上市的游戏机 PlayStation4 运行各种未经中国文化局审核的在其他国家发售的游戏，包括《侠盗猎车手5》（Grand Theft Auto V）这种鼓吹毒品、暴力、犯罪、屠杀、滥交的游戏。❷

之所以出现这种情况，是因为游戏设计者固然可通过某些不良信息吸引玩家，但不良信息通常只能取悦部分玩家而无法取悦所有玩家。例如，游戏中的淫秽、色情内容可能会取悦部分男性玩家，但通常会使女性玩家反感；允许以大量付款方式破坏游戏公平的游戏规则可能会吸引相对富裕的部分玩家，但通常会导致普通玩家不满；游戏中丑化社会主义形象的内容可能会取悦政治观念错误、思想较为偏激的部分玩家，但容易激起对社会主义道路有较高认同度的玩家的愤怒。所有反感不良信息的游戏玩家都在不同程度上具备共同推动文化建设的积极性，都有可能成为网络游戏领域社会治理的参与者。由于玩家数量极其庞大，且深谙游戏中各种弊端，充分挖掘玩家参与的潜力，其实质就是在文化建设工作中走群众路线，必定能够提高文化建设的效率，亦可更好地维护玩家正当权益。

为鼓励玩家举报，各方主体都在网上设立了专门的举报平台。比如文化部于2011 年 4 月设立 "12318 全国文化市场举报网站"，主要受理娱乐场所、营业性演出、艺术品、网吧、网络游戏、网络音乐等市场的群众举报。❸ 2017 年 11 月，在新华网主导及游戏企业、调解中心、仲裁委员会、法院的参与下，成立了国家级网络游戏监管平台 "中国网络游戏投诉平台"。❹ 但中国网络游戏投诉平台现已停止运行。从举报平台的运行中，人们发现当前玩家参与社会治理存在一个问题，即更关注自身维权，对网络游戏文化建设工作关注不足。比如从中国网络游戏投诉平台 2018 年运行情况观察，玩家投诉排第一位的是账号问题、技术问题、

---

❶ 日游戏商制售"辱华游戏"[N].兰州晨报，2012-5-9（A20）.

❷ 新浪游戏.刘睿哲举报国行 PS4 事件回顾 网络暴力是否应该？[EB/OL].（2016-12-19）[2020-05-10]. http://games.sina.com.cn/t/n/2016-12-19/fxytqav9920696.shtml.

❸ 中央政府门户网站.文化部 26 日正式开通 12318 全国文化市场举报网站 [EB/OL].（2011-04-26）[2020-05-10]. http://www.gov.cn/jrzg/2011/04/26/content_1852561.htm.

❹ 新华网.中国网络游戏投诉平台正式上线 一站解决游戏投诉难题 [EB/OL].（2017-11-16）[2020-05-10]. http://www.xinhuanet.com/ent/2017-11/16/c_1121960952.htm.

充值问题和服务质量等问题，涉及"无故封号""不知情充值""赌博式抽奖"等现象。玩家投诉排第二位的是游戏交易欺诈问题与不文明行为问题。很少有玩家投诉妨害国家文化建设的问题。❶ 笔者对游戏玩家的问卷调查结果或许能间接地反映出他们较少关注国家文化建设问题：被调查者中 97.9% 的中学生和 89.83% 的成年人表示，在他们所接触的游戏中未发现中国和其他社会主义国家被丑化的问题；91.8% 的中学生和 81.83% 的成年人表示，他们所接触的游戏中不存在美国或其他西方国家被美化的情况；98.9% 的中学生和 97.82% 的成年人表示，在他们所接触的游戏中未发现将香港、澳门、台湾、西藏或新疆等地区排除在中国领土之外的现象；98.2% 的中学生和 90.55% 的成年人表示，他们所接触的游戏中不存在歧视特定群体（比如女性、黑人、华人、移民）的现象。这种现象表明了加大对玩家举报妨害国家文化建设问题的鼓励力度和强化玩家文化建设素养教育的必要性。

当然鼓励举报不等于偏听偏信。不论如何鼓励玩家举报，相关部门仍应秉持实事求是的态度依法处理。2006 年 7 月 7 日，有玩家发现网络游戏《梦幻西游》中建邺城衙门墙壁上的一张贴图很像日本国旗，许多网民认为这是网易公司在"七七事变"纪念日这天讨好日本人的举措。7 月 12 日网易公司声明该图并非日本国旗。❷ 相关部门调查后采纳网易公司意见，认为《梦幻西游》游戏中建邺城衙门的壁画是中国古代官府常见的"海水朝日"图。在古代县衙，一进公堂，首先映入眼帘的便是官员身后的"海水朝日"图（民间也称其为"日出东方"图）；其意义在于劝诫官员"清如海水，明似朝日"。因此未对网易公司采取处罚措施。❸ 该事例体现了相关部门对待举报的正确态度：网络游戏中的个别因素如果既可能反映中华传统文化，也可能反映某种妨害国家文化建设的事物，应遵循无罪推定原则的法治精神从宽处理，不能用过度严苛的评判标准妨碍正常的艺术创作和市场活动。

在发动玩家参与方面，今后还需扩大玩家参与范围。比如游戏评论就应鼓励

❶ 新华网. 多部委联合整治网络游戏违规乱象 中国网络游戏投诉平台初见成效［EB/OL］.（2018-01-02）［2020-05-10］. http://www.xinhuanet.com/ent/2018/01/02/c_1122196778.htm.

❷ 王亚晖. 中国游戏风云［M］. 北京：中国发展出版社，2018：345-346.

❸ 沈玮玮. 县衙里的装饰：古代公堂对司法公正的诠释［N］. 人民法院报，2016-1-22（005）.

玩家尤其是青少年玩家参与，因为游戏玩家的逻辑能力与专业素养可能低于专家，但他们通常比专家更了解各种游戏对玩家造成的实际影响。又比如某些特定题材的游戏内容设计也可发动玩家参与。日本荣光公司发行的历史题材游戏《大航海时代 4》中存在两个历史文化缺陷：其一是中国古代领土版图错误。该游戏的历史背景是 15—17 世纪，此时中国正处于明代。琉球群岛上的琉球王国在明代一直是中国属国，直到清代才逐渐被日本吞并。因此该游戏本应将琉球群岛上的所有港口设计为中国港口，却错误地设计为日本港口。其二是朝鲜半岛统治者设计错误。在明代，朝鲜半岛的统治者是由明廷册封的朝鲜国王。该游戏却将朝鲜半岛的统治者错误地设计为在明代根本不存在的清代皇帝，实际上传播了错误的历史文化。日本游戏的这些错误引起中国玩家的不满。个别玩家对该游戏进行了修改并在网上散布。修改后游戏发生如下变动：其一，朝鲜半岛的统治者由清代皇帝改为朝鲜国王。其二，琉球群岛著名港口那霸由日本港口改为中国港口；港口建筑、居民服饰都由古代日本风格改为古代中国风格。其三，在非洲海域增设一个黑人航海家；允许玩家扮演这个航海家反抗葡萄牙殖民者压迫，驱逐殖民势力。此项修改未经日本荣光公司允许，并不符合法律程序，但其中体现的尊重史实的态度、爱国情怀和反殖民主义立场都值得肯定。这些玩家所做的每项修改都体现了较深厚的文化功底、较好的游戏设计技术与较好的文化建设素养，表明部分玩家有足够的能力参与到一些游戏的设计活动中。

附录 1

重点调研端游情况表
（5 款端游）

附录1
重点调研端游情况表（5款端游）

对比项			游戏名称				
			魔兽世界	剑网情缘网络版叁	大航海时代Online	剑灵	英雄联盟
游戏类型			角色扮演	角色扮演	角色扮演	角色扮演	多人在线战术竞技游戏❶
发行商			美国暴雪娱乐公司	中国北京金山办公软件股份有限公司	日本荣光公司	韩国 NCsoft 公司	美国 Riot Games 公司
权威游戏评价平台排行榜名次	新浪游戏	2019❷	2019 年度十大最佳端游第4名	2019 年度十大最佳端游第3名			2019 年度十大最佳端游第1名
		2018❸		2018 年度十大最佳网游第5名			
		2017❹	2017 年度十大最佳网游第4名	2017 年度十大最佳网游第2名			2017 年度十大最佳网游第1名
		2016❺	2016 年度十大最佳网游第1名	2016 年度十大最佳网游第5名			2016 年度十大最佳网游第2名

❶　MOBA，全称 Multiplayer Online Battle Arena，即多人在线战术竞技游戏。

❷　新浪游戏. 新浪游戏 2019 年度评选落下帷幕 获奖名单公布 ［EB/OL］. http://games.sina.com.cn/y/2020-06-18/irczymk7714267.shtml

❸　2018 新浪游戏年度盛典 ［EB/OL］. http://games.sina.com.cn/zt_d/ol/2018cgwr/.

❹　CGWR2017 新浪中国游戏排行榜暨金浪奖颁奖典礼 ［EB/OL］. http://games.sina.com.cn/zt_d/ol/2017cgwr/.

❺　2016 新浪中国游戏排行榜 ［EB/OL］. http://games.sina.com.cn/zt_d/ol/cgwr2016/. "金浪奖"评选始于 2014 年，但 2014 年和 2015 年金浪奖并未设置游戏本身的奖项。参见第二届 "金浪奖" 线上评选落下帷幕 获奖名单出炉 ［EB/OL］. http://games.sina.com.cn/zt_d/y/2015jlj；金浪奖 ［EB/OL］. http://games.sina.com.cn/zt/jinlang/.

对比项			游戏名称				
			魔兽世界	剑网情缘 网络版叁	大航海时代 Online	剑灵	英雄联盟
权威游戏评价平台排行榜名次	腾讯游戏❶	2017❷	2017 年十大最受关注客户端游戏第 6 名	2017 年十大最受关注客户端游戏第 5 名			2017 年十大最受关注客户端游戏第 4 名
		2016❸	2016 年度十大最佳网游第 7 名	2016 年十大最受关注客户端游戏第 3 名			2016 十大最受关注客户端游戏第 2 名
		2015❹	2015 年十大最受欢迎客户端游戏第 3 名	2015 年十大最受欢迎客户端游戏第 6 名			2015 年十大最受欢迎客户端游戏第 2 名
	117173	2019❺	2019 年度最具人气游戏第 4 名	2019 年度最具人气游戏第 6 名			2019 年度最佳竞技游戏第 1 名
		2016❻	2016 年度最具人气网游第 7 名；2016 年度端游热游期待榜第 4 名	2016 年度最具人气网游第 3 名		2016 年度端游热游期待榜第 10 名	2016 年度最具人气网游第 1 名；2016 年度端游热游期待榜第 5 名

❶ "中国游戏风云榜"由腾讯网游戏频道主办，始于 2003 年，止于 2017 年。

❷ 即时排行–2017 中国游戏风云榜［EB/OL］. https://games.qq.com/wyfyb/2017fyb/jsph.htm.

❸ 2016 中国游戏风云榜即时排行［EB/OL］. https://games.qq.com/wyfyb/2016fyb/jsph.htm.

❹ 2015 中国游戏风云榜全部游戏［EB/OL］. https://games.qq.com/wyfyb/2015fyb/cxyx.htm.

❺ 2019 中国游戏风云榜［EB/OL］. http://news.17173.com/wggc/2019/. 此次"中国游戏风云榜"由百度 APP& 百家号联动 17173 进行评选。2017 年和 2018 年未进行"17173·游戏风云榜"的评选。

❻ 2016·17173·游戏风云榜［EB/OL］. http://act.17173.com/wggc2016/.

续表

对比项		游戏名称				
		魔兽世界	剑网情缘网络版叁	大航海时代Online	剑灵	英雄联盟
权威游戏评价平台排行榜名次	117173　2015❶	2015 年度端游热游期待榜第 4 名	2015 年度经典网游奖第 1 名；2015 年度最具人气网游第 1 名；2015 年度17173 编辑推荐网络游戏第 3 名；2015 年度端游热游期待榜第 7 名		2016 年度端游热游期待榜第 10 名	2015 年度经典网游奖第 2 名；2015 年度最具人气网游第 2 名；2015 年度最佳竞技网游第 1 名；2015 年度 17173 编辑推荐网络游戏第 1 名；2015 年度端游热游期待榜第 5 名
	游戏产业网❷　2019❸		2019 年度中国十大最受欢迎电脑网络游戏第 2 名			2019 年度十大最受欢迎电子竞技游戏第 1 名
	2018❹		2018 年度十大最受欢迎电脑网络游戏第 2 名			2018 年度十大最受欢迎电脑网络游戏第 5 名
	2017❺					2017 年度十大最受欢迎客户端第 1 名

---

❶　2015·17173·游戏风云榜——"游"你所选 ［EB/OL］. http://act.17173.com/wggc2015/.

❷　游戏产业网中国"游戏十强"从 2015 年开始评选，2015 年以前是"十大最受欢迎的民族网络游戏"评选。"游戏十强"由中国音像与数字出版协会主办，中国音数协游戏工委承办，在我国游戏产业界享有"中国第九艺术封神榜"美誉。

❸　游戏工委. 2019 年度中国"游戏十强"盛典：评选花落谁家 19 日最终揭晓 ［EB/OL］. https://mp.weixin.qq.com/s/GTJw02KQSBJ4lOdcZ87XwQ, 2019-12-15.

❹　游戏产业年会上的 2018 年度中国游戏十强获奖名单 ［EB/OL］. https://tieba.baidu.com/p/5984910388?red_tag=2898212185.

❺　游戏产业网. 第九艺术封神榜昨日揭晓 2017 年度"游戏十强"盛典圆满举办（附各奖项名单）［EB/OL］. http://www.cgigc.com.cn/yxsq/17559.html, 2018-01-23.

续表

对比项			游戏名称				
			魔兽世界	剑网情缘网络版叁	大航海时代Online	剑灵	英雄联盟
权威游戏评价平台排行榜名次	游戏产业网	2016❶	2016 年度十大最受欢迎客户端网络游戏第 4 名	2016 年度十大最受欢迎原创客户端网络游戏第 2 名；2016 年度十大最受欢迎客户端网络游戏第 3 名			2016 年度十大最受欢迎客户端网络游戏第 1 名；2016 年度十大最受欢迎电子竞技游戏第 1 名
		2015❷				2016 年度十大期待页游第 10 名	2015 年度十大最受欢迎客户端第 2 名

---

❶ 游戏产业网. 2016 "游戏十强" 完整获奖名单正式公布 [EB/OL]. http://www.cgigc.com.cn/yxsq/6132.html, 2016-12-16.

❷ 游戏产业网. 2015 年游戏产业年会 "游戏十强" 获奖名单 [EB/OL]. http://www.cgigc.com.cn/yxsq/3961.html, 2016-07-05.

附录 2

重点调研手游情况表（2 款手游）

附录 2
重点调研手游情况表❶（2 款手游）

对比项			游戏名称	
			王者荣耀	阴阳师
游戏类型			多人在线战术竞技游戏	角色扮演
发行商			中国腾讯游戏天美工作室群	中国网易游戏
排行榜名次	新浪游戏	2019	2019 年度十大最佳手游第 1 名	2019 年度十大最佳手游第 2 名
		2018	2018 年度十大人气手机游戏第 5 名	2018 年度十大人气手机游戏第 2 名
		2017	2017 年度十大人气手机游戏第 4 名；2017 年度十大人气电竞手机游戏第 6 名	2017 年度十大人气手机游戏第 5 名
		2016	2016 年度十大人气手机游戏第 1 名	2016 年度十大人气手机游戏第 2 名
	腾讯游戏	2017	2017 年十大最受欢迎手机游戏第 1 名	
		2016	2016 十大最受欢迎手机游戏第 1 名；2016 年度最佳电竞手机游戏第 1 名	2016 十大最受欢迎手机游戏第 2 名；2016 年度最佳卡牌手机游戏第 1 名
		2015	2015 年十大最受欢迎手机游戏第 1 名；2015 年度最佳电竞手机游戏第 1 名	
	17173❷	2019	2019 年度最佳竞技游戏第 3 名	
		2016	2016 年度最具人气移动游戏第 2 名	2016 年度最具人气移动游戏第 1 名

---

❶　所有游戏评选榜单均包括端游和手游。重点调研手游情况表中的资料来源与重点调研端游情况表相同，因此手游情况表中便不再重复说明。

❷　2015 年，"17173·游戏风云榜"进行了游戏评选，鉴于所选的两款手游都未进"风云榜"，所以2015 年统计栏未保留。

续表

对比项			游戏名称	
			王者荣耀	阴阳师
排行榜名次	游戏产业网❶	2019	2019 年度中国十大最受欢迎移动游戏第 1 名	
		2018	2018 年度十大最受欢迎移动网络游戏第 2 名	
		2017	2017 年度十大最受欢迎移动网络游戏第 2 名；2017 年度十大最受欢迎原创移动网络游戏第 4 名；2017 年度十大最受海外欢迎游戏第 6 名	2017 年度十大最受欢迎移动网络游戏第 1 名；2017 年度十大最受欢迎原创移动网络游戏第 1 名；2017 年度十大最受欢迎 IP 游戏第 3 名；2017 年度十大最受海外欢迎游戏第 3 名
		2016	2016 年度十大最受欢迎移动网络游戏第 1 名；2016 年度十大最受欢迎原创移动网络游戏 第 1 名；2016 年度十大最受欢迎电子竞技游戏第 2 名	

---

❶ 2015 年，游戏产业网进行了游戏评选，鉴于所选的两款手游都未进榜单，所以 2015 年统计栏未保留。

附录 3

一般性调研游戏统计情况表

附录 3
一般性调研游戏统计情况表

序号	游戏研发企业/个人	游戏名称
1	美国 Electronic Arts（美国艺电公司）	命令与征服：将军；战地风云 2；战地风云 4：中国崛起；战地：叛逆连队 2；战地 3；三角洲特种部队；红色警戒 2；红色警戒 3；足球经理 2005
2	美国 Westwood Studios	红色警戒 1
3	美国 Activision Blizzard，Inc.（美国动视暴雪公司）	使命召唤：黑色行动 9；使命召唤：战争世界
4	美国暴雪娱乐公司	魔兽争霸；暗黑破坏神；星际争霸；暗黑破坏神 3；星际争霸 2
5	美国 Kaos Studio（美国卡奥工作室）	国土防线
6	美国 Firaxis Games	文明 5；文明 6
7	美国 Bethesda Game Studios	辐射 4
8	美国 Rockstar North	侠盗猎车手系列
9	美国 Strategic Simulations，Inc.	人民将军
10	美国 Valve Software（美国维尔福软件公司）	反恐精英；Active Shooter
11	美国 Sierra Entertainment	皇帝：中国之崛起
12	美国 Ensemble Studios（全效工作室）	帝国时代
13	美国 Stainless Steel Studios	地球帝国
14	美国 Wolfpack Studios 工作室	魔剑
15	美国 Digital Fusion 公司	抢滩登陆战 2002
16	美国 New World Computing 公司	魔法门之英雄无敌
17	日本 KOEI（日本光荣株式会社）	三国志（4-13）；真·三国无双 1；真·三国无双 5；真·三国无双 6；真·三国无双 online；提督的决断 2；提督的决断 3；大航海时代；大航海时代 4；太阁立志传

续表

序号	游戏研发企业/个人	游戏名称
18	日本 Square Enix （日本史克威尔艾尼克斯公司）	凯恩与林奇 2：伏天
19	日本 SEGA Corporation （日本世嘉株式会社）	如龙
20	日本 Kadokawa Games （日本角川游戏）	舰队 collection
21	日本 CAPCOM （日本卡普空株式会社）	吞食天地 1；吞食天地 2
22	广州网易计算机系统有限公司	荒野行动；率土之滨；梦幻西游；大话西游；故土；战意
23	深圳市腾讯计算机系统有限公司	QQ 三国
24	北京游卡桌游文化发展有限公司	三国杀 online
25	中国台湾地区宇峻奥汀	三国群英传 （Ⅰ-Ⅶ）
26	北京乐元素文化发展有限公司	开心消消乐
27	福州天晴数码娱乐公司	魔域；英雄无敌 online
28	上海数龙科技有限公司	龙之谷
29	北京金山办公软件股份有限公司	春秋 Q 传；剑侠情缘
30	南京新瑞狮游戏公司	反三国志
31	福建网龙计算机网络信息技术有限公司	虎豹骑
32	未署名作者	随你打
33	未署名作者	愚人节整同学
34	未署名作者	火柴人之摔下楼梯 2
35	未署名作者	与美女猜拳脱衣
36	梁悦等	考试大作战
37	上海盛趣信息技术有限公司	传奇世界；热血传奇
38	北京灵思互动科技有限公司	梦幻寻仙
39	掌上纵横信息技术（北京）有限公司	蜀山奇谭
40	深圳中青宝互动网络股份有限公司	抗战；亮剑 2；最后一炮
41	无锡光荣使命网络科技有限公司	光荣使命 OL
42	北京欢乐亿派科技有限公司	抗日：血战上海滩；抗日：血战缅甸
43	未署名作者	霸道王爷
44	上海巨人网络科技有限公司	征途
45	北京完美世界网络技术有限公司	诛仙；笑傲江湖

序号	游戏研发企业/个人	游戏名称
46	北京乐动卓越科技有限公司	我叫 MT3；我叫 MT4
47	天津智冠科技有限公司	天龙八部
48	中国台湾地区河洛工作室	金庸群侠传
49	深圳金智塔电脑软件有限公司	古龙群侠传
50	上海盛大网络发展有限公司、日本 TECMO 公司	生死格斗 Online
51	北京智明星通科技有限公司	列王的纷争
52	白俄罗斯 Wargaming 公司	坦克世界；战舰世界
53	英国独立游戏工作室 Ndemic Creations	瘟疫公司：进化
54	英国 Codemasters	秘密潜入 2：隐秘行动；闪点行动 2：龙之崛起； 闪点行动 3：红河
55	英国 EIDOS 公司	秘密潜入 1（IGI）
56	英国 Positech Games 公司	民主制度 3
57	英国 Alexey Bokulev 等多个工作室	地精公司
58	瑞典游戏公司 Paradox Interactive	钢铁雄心
59	瑞典 Machine Games 游戏工作室	德军总部 2：新巨像
60	加拿大 Big-O-Tree 工作室	肮脏的中国餐馆
61	独立游戏制作人 Tim Conkling	反英雄 Antihero
62	韩国 Bluehole INC.（韩国蓝洞公司）	绝地求生：大逃杀
63	韩国 Actoz Soft 软件公司、韩国 Wemade 娱乐有限公司	传奇
64	法国 Black Sheep studio（害群之马工作室）	巨型政客

参考文献

参考文献

一、中文著作

[1] 刘胜枝. 网络游戏的文化研究 ［M］. 北京：北京邮电大学出版社，2014.

[2] 郭庆光. 传播学教程 ［M］. 北京：中国人民大学出版社，2011.

[3] 薛强. 赛博空间里的虚拟生存：当代中国电子游戏研究 ［M］. 上海：复旦大学出版社，2018.

[4] 李岩. 传播与文化 ［M］. 杭州：浙江大学出版社，2009.

[5] 马克·佩恩，金尼·扎莱纳. 小趋势：决定未来大变革的潜藏力量 ［M］. 刘庸安，译. 北京：中央编译出版社，2008.

[6] 中国数协游戏工委（GPC），国际数公司（IDC）. 2019 年中国游戏产业报告 ［M］. 北京：中国书籍出版社，2019.

[7] 赫伯特·席勒. 大众传播与美利坚帝国 ［M］. 刘晓红，译. 上海：上海译文出版社，2006.

[8] 爱德华·W.萨义德. 东方学 ［M］. 王宇根，译. 北京：生活·读书·新知三联书店，1999.

[9] 爱德华·W.萨义德. 文化与帝国主义 ［M］. 李琨，译. 北京：生活·读书·新知三联书店，2003.

[10] 汤林森. 文化帝国主义 ［M］. 冯建三，译. 上海：上海人民出版社，1999.

[11] 戴维·英格利斯. 文化与日常生活 ［M］. 周书亚，译. 北京：中央编译出版社，2010.

[12] 塞缪尔·亨廷顿. 文明的冲突与世界秩序的重建 ［M］. 周琪，等译. 北京：

新华出版社，2018.

[13] 弗朗西斯·福山. 历史的终结及最后之人 [M]. 黄胜强，等译. 北京：中国社会科学出版社，2008.

[14] 马丁·雅克. 当中国统治世界：中国的崛起和西方世界的衰落 [M]. 张莉，等译. 北京：中信出版社/中信出版集团，2010.

[15] 刘跃进. 国家安全学 [M]. 北京：中国政法大学出版社，2004.

[16] 胡惠林. 中国国家文化安全论 [M]. 上海：上海人民出版社，2005.

[17] 米金升，陈娟. 游戏东西：电脑游戏的文化意义研究 [M]. 桂林：广西师范大学出版社，2006.

[18] 陈阳. 大众传播学研究方法导论 [M]. 北京：中国人民大学出版社，2015.

[19] 风笑天. 社会调查中的问卷设计 [M]. 北京：中国人民大学出版社，2014.

[20] 沈洪波. 全球化与国家文化安全 [M]. 济南：山东大学出版社，2009.

[21] 胡惠林. 国家文化安全学 [M]. 北京：清华大学出版社，2016.

[22] 习近平. 习近平谈治国理政 [M]. 北京：外文出版社，2015.

[23] 程伟. 国家文化安全问题研究——基于改革开放以来社会意识变动的视角 [M]. 北京：人民出版社，2017.

[24] 胡惠林，等. 国家文化安全研究导论 [M]. 上海：上海人民出版社，2013.

[25] 程工. 世界主要国家文化安全政策研究 [M]. 北京：社会科学文献出版社，2014.

[26] 潘一禾. 文化安全 [M]. 杭州：浙江大学出版社，2007.

[27] 赵子林. 中国国家文化安全论 [M]. 长沙：湖南大学出版社，2012.

[28] 邵汉明. 中国文化研究30年 [M]. 北京：人民出版社，2009.

[29] 加布里埃尔·A.阿尔蒙德，西德尼·维巴. 公民文化——五国的政治态度和民主 [M]. 马殿君，等译. 杭州：浙江人民出版社，1989.

[30] 杰克·普拉诺，等. 政治学分析词典 [M]. 胡杰，译. 北京：中国社会科学出版社，1986.

[31] 闵琦. 中国政治文化 [M]. 昆明：云南人民出版社，1989.

[32] 张明澍. 中国"政治人"——中国公民政治素质调查报告 [R]. 北京：中国社会科学出版社，1994.

[33] 潘小娟, 张辰龙. 当代西方政治学新词典 [M]. 长春: 吉林人民出版社, 2001: 431.

[34] 徐大同, 高建. 中西传统政治文化比较研究 [M]. 天津: 天津教育出版社, 1997: 8-9.

[35] 孙关宏, 胡雨春. 政治学 [M]. 上海: 复旦大学出版社, 2006.

[36] 王乐理. 政治文化导论 [M]. 北京: 中国人民大学出版社, 2000.

[37] 徐大同. 西方政治思想史辞典 [M]. 天津: 天津人民出版社, 1997.

[38] 李水海. 世界伦理道德辞典 [M]. 西安: 陕西人民出版社, 1990.

[39] 司马光. 资治通鉴: 第四卷 [M]. 辽宁: 辽海出版社, 2014.

[40] 司马光, 等. 资治通鉴·唐纪第三十四 [M].

[41] 邵士梅. 中国皇帝传 [M]. 西安: 三秦出版社, 2008.

[42] 杨东晨. 东汉兴亡史 [M]. 西安: 陕西人民教育出版社, 1998.

[43] 张立虎. 世界通史: 中世纪史 (一) [M]. 北京: 学苑音像出版社, 2004.

[44] 廖盖隆. 中国共产党历史大辞典: 总论·人物 [M]. 北京: 中共中央党校出版社, 2001.

[45] 中国大百科全书总编辑委员会《外国历史》编辑委员会, 中国大百科全书出版社编辑部. 中国大百科全书: 外国历史 I [M]. 北京: 中国大百科全书出版社, 1990.

[46] 丁建弘, 孙仁宗. 世界史手册 [M]. 杭州: 浙江人民出版社, 1988.

[47] 周公旦. 尚书·酒诰 [M].

[48] 冯克正, 傅庆升. 诸子百家大辞典 [M]. 沈阳: 辽宁人民出版社, 1996.

[49] 李锋. 政治人物辞典 [M]. 南京: 南京大学出版社, 1992: 118.

[50] 中国大百科全书总编辑委员会《中国历史》编辑委会, 中国大百科全书出版社编辑部. 中国大百科全书: 中国历史 II [M]. 北京: 中国大百科全书出版社, 1992.

[51] 乔治·C.瓦伦特. 阿兹特克文明 [M]. 朱伦, 徐世澄, 译. 南京: 译林出版社, 2013.

[52] 中山大学东南亚历史研究所《缅甸简史》编写组. 缅甸简史 [M]. 北京: 商务印书馆, 1979.

[53]《当代社会科学大词典》编委会. 当代社会科学大词典［M］. 南京：南京大学出版社，1995.

[54] 李忠尚. 软科学大辞典［M］. 沈阳：辽宁人民出版社，1989.

[55] 方建文，谭国清. 以德治国方略全书［M］. 北京：党建读物出版社，2001.

[56] 邱科平. 世界大百科全书：第三卷［M］. 北京：光明日报出版社，2003.

[57] 石泉长. 中华百科要览［M］. 沈阳：辽宁人民出版社，1993.

[58] 翟泰丰. 党的基本路线知识全书［M］. 沈阳：辽宁人民出版社，1994.

[59] 马建华，张力华. 长城［M］. 敦煌：敦煌文艺出版社，2004.

[60] 复旦大学历史地理研究所《中国历史地名辞典》编委会. 中国历史地名辞典［M］. 南昌：江西教育出版社，1988.

[61]（西晋）陈寿. 三国志（上）［M］. 邹远，等译. 北京：团结出版社，2002.

[62]（西晋）陈寿. 三国志（中）［M］. 邹远，等译. 北京：团结出版社，2002.

[63] 中国大百科全书总编辑委员会《中国文学》编辑委员会，中国大百科全书出版社编辑部. 中国大百科全书：中国文学 Ⅱ［M］. 北京：中国大百科全书出版社，1986.

[64] 中国大百科全书总编辑委员会《军事》编辑委员会，中国大百科全书出版社编辑部. 中国大百科全书：军事 Ⅰ［M］. 北京：中国大百科全书出版社，1998.

[65] 中国大百科全书总编辑委员会《轻工》编辑委员会，中国大百科全书出版社编辑部. 中国大百科全书：轻工［M］. 北京：中国大百科全书出版社，1998.

[66] 中国大百科全书总编辑委员会《文物·博物馆》编辑委员会，中国大百科全书出版社编辑部. 中国大百科全书：文物·博物馆［M］. 北京：中国大百科全书出版社，1992.

[67] 中国大百科全书总编辑委员会《美术》编辑委员会，中国大百科全书出版社编辑部. 中国大百科全书：美术 Ⅱ［M］. 北京：中国大百科全书出版社，1998.

[68] 中国大百科全书总编辑委员会《哲学》编辑委员会，中国大百科全书出版社编辑部. 中国大百科全书：哲学 Ⅰ［M］. 北京：中国大百科全书出版社，1992.

[69] 中国大百科全书总编辑委员会《哲学》编辑委员会，中国大百科全书出版社编辑部. 中国大百科全书：哲学 Ⅱ［M］. 北京：中国大百科全书出版社，1992.

[70] 中国历史百科全书/中国大百科全书总编辑委员会，中国大百科全书出版社编

辑部. 中国历史百科全书［M］. 北京：中国大百科全书出版社，1994.

[71] 大连百科全书编纂委员会，中国大百科全书出版社编辑部. 大连百科全书［M］. 北京：中国大百科全书出版社，1999.

[72] 邓力群. 中华人民共和国国史百科全书［M］. 北京：中国大百科全书出版社，1999.

[73] 覃光广，冯利，陈朴. 文化学辞典［M］. 北京：中央民族学院出版社，1988.

[74] 许征帆. 马克思主义辞典［M］. 长春：吉林大学出版社，1987：114.

[75] 《中国原始宗教百科全书》编纂委员会. 中国原始宗教百科全书［M］. 成都：四川辞书出版社，2003.

[76] 郭建. 三国两晋南北朝［M］. 长春：长春出版社，2007.

[77] 余英时. 汉代贸易与扩张［M］. 邬文玲，等译. 上海：上海古籍出版社，2005.

[78] 刘向. 列女传选读［M］. 赵遵礼，译. 西安：陕西人民出版社，2009.

[79] 曹明权. 女娲文化研究［M］. 武汉：湖北人民出版社，2007.

[80] 乌丙安. 中国民间神谱［M］. 沈阳：辽宁人民出版社，2007.

[81] 蒋锡金. 文史哲学习辞典［M］. 长春：吉林文史出版社，1990.

[82] 吴承恩. 西游记（上）［M］. 北京：文化艺术出版社，2014.

[83] 何鹏. 北欧神话［M］. 西安：陕西人民出版社，2016：17.

[84] 李雅娟，王德才. 基督教常识［M］. 长春：吉林人民出版社，2009.

[85] 段琦. 圣经故事［M］. 北京：中国书籍出版社，2005.

[86] 张健. 国宝探秘36讲［M］. 南京：东南大学出版社，2012.

[87] 冯志远，张立华. 唐诗鉴赏［M］. 沈阳：辽海出版社，2009.

[88] 杨乃乔. 千家诗新编［M］. 北京：中央编译出版社，2001.

[89] 周勋初. 唐诗大辞典［M］. 南京：凤凰出版社，2003.

[90] 韩震. 社会主义核心价值观·关键词：富强［M］. 北京：中国人民大学出版社，2015.

[91] 梅云霞. 文选［M］. 南京：南京师范大学出版社，2010.

[92] 李峰. 文学艺术鉴赏辞典［M］. 西安：陕西人民教育出版社，1991.

[93] 刘国生. 中国绘画收藏与鉴赏全书 上卷［M］. 天津：天津古籍出版社，2005.

[94] 约瑟夫·贝迪耶. 特里斯丹和绮瑟殉情记［M］. 陈双璧，译. 北京：广播出

版社，1982.

[95] 黄殿祺. 中国戏曲脸谱［M］. 北京：北京工艺美术出版社，2001.

[96] 孟二冬. 陶渊明诗选注［M］. 长春：吉林文史出版社，2002.

[97] 王伯恭. 中国百科大辞典（6）［M］. 北京：中国大百科全书出版社，1999.

[98] 吴小如，王富仁. 先秦文学名作欣赏［M］. 北京：北京大学出版社，2017.

[99] 郑云波. 中国古代小说辞典［M］. 南京：南京大学出版社，1992.

[100] 郎绍君，蔡星仪，水天中，等. 中国书画鉴赏辞典［M］. 北京：中国青年出版社，1988.

[101] 欧阳修，等. 新唐书·列传第一百二十七［M］.

[102] 郑小伟. 中医学基础理论［M］. 长沙：湖南科学技术出版社，2011.

[103] 中国大百科全书总编辑委员会《中国传统医学》编辑委员会，中国大百科全书出版社编辑部. 中国大百科全书：中国传统医学［M］. 北京：中国大百科全书出版社，1992.

[104] 宋一同. 中医养生学［M］. 北京：中国纺织出版社，2015.

[105] 张跃，王晓燕. 元宵节［M］. 合肥：安徽人民出版社，2014.

[106] 王伯恭. 中国百科大辞典（3）［M］. 北京：中国大百科全书出版社，1999.

[107] 廖盖隆. 中国共产党历史大辞典·社会主义时期［M］. 北京：中共中央党校出版社，2001.

[108] 王亚晖. 中国游戏风云［M］. 北京：中国发展出版社，2018.

[109] И·Т. 弗罗洛夫. 哲学辞典［M］. 华南师范大学外语系俄语教研室，华南师范大学哲学研究所，译. 广州：广东人民出版社，1989.

[110] 中共中央党史和文献研究院. 习近平关于总体国家安全观论述摘编［M］. 北京：中央文献出版，2018.

[111] 李琮. 世界经济学大辞典［M］. 北京：经济科学出版社，2000.

[112] 谢国祥，等. 思想政治工作大辞典［M］. 天津：天津人民出版社，1992.

[113] 曲钦岳. 当代百科知识大词典［M］. 南京：南京大学出版社，1989.

[114] 皮纯协，徐理明，曹文光. 简明政治学辞典［M］. 郑州：河南人民出版社，1986.

[115] 刘复之. 中华人民共和国法律大辞书［M］. 长春：长春出版社，1991.

[116] 毛泽东. 论联合政府 [C]; 蒋建农, 等. 毛泽东著作版本编年纪事 (上) [M]. 长沙: 湖南人民出版社, 2003.

[117] 徐新, 凌继尧. 犹太百科全书 [M]. 上海: 上海人民出版社, 1993.

[118] 徐新. 犹太文化史 [M]. 北京: 北京大学出版社, 2006.

[119] 蒋广学, 朱剑. 世界文化词典 [M]. 长沙: 湖南出版社, 1990.

[120] 中国大百科全书总编辑委员会《外国历史》编辑委员会, 中国大百科全书出版社编辑部. 中国大百科全书: 外国历史Ⅱ [M]. 北京: 中国大百科全书出版社, 1990.

[121] 中共中央宣传部. 习近平总书记系列重要讲话读本 [M]. 北京: 学习出版社/人民出版社, 2016.

[122] 中共中央文献研究室. 习近平关于社会主义文化建设论述摘编 [M]. 北京: 中央文献出版社, 2017.

[123] 茅盾. 茅盾评论文集 (下) [M]. 北京: 人民文学出版社, 1978.

[124] 王柏灵. 匈奴史话 [M]. 西安: 陕西人民出版社, 2004.

[125] 李楠. 中国通史 (第一卷) [M]. 沈阳: 辽海出版社, 2015.

[126] 黄高才. 咸阳文化解读: 中国文化寻根 [M]. 北京: 北京大学出版社, 2011.

[127] 辞源 (合订本) [M]. 北京: 商务印书馆, 1998.

[128] 瞿林东, 叶小兵. 中国历史 (七年级上册) [M]. 北京: 人民教育出版社, 2016.

[129] 张海鹏, 徐蓝. 中外历史纲要 (上) [M]. 北京: 人民教育出版社, 2019.

[130] 拿破仑法典 (法国民法典) [M]. 李浩培, 吴传颐, 孙冥岗, 等译. 北京: 商务印书馆, 1997.

[131] 德国民法典 [M]. 郑冲, 贾红梅, 等译. 北京: 法律出版社, 1999.

[132] 日本民法典 [M]. 王书江, 等译. 北京: 中国法制出版社, 2000.

[133] 杨念群. 再造"病人"——中西医冲突下的空间政治 (1832—1985) [M]. 北京: 中国人民大学出版社, 2010.

[134] 张岱年. 中国文史百科 (上) [M]. 杭州: 浙江人民出版社, 1998.

[135] 孔少华. 网络游戏玩家的信息接收行为研究 [M]. 北京: 经济管理出版社, 2017.

［136］邓小平文选（第3卷）［M］. 北京：人民出版社，1993.

［137］新华通讯社课题组. 习近平新闻舆论思想要论［M］. 北京：新华出版社，2017.

［138］格林兄弟. 格林童话［M］. 长春：安徽少年儿童出版社，2010.

［139］李磊. 外国新闻史教程［M］. 北京：中国传媒大学出版社，2008.

［140］宫玉选，郭靖. 中国动漫游戏海外发展报告（2018）［M］. 北京：社会科学文献出版社，2018.

［141］胡晓明. 国家形象［M］. 北京：人民出版社，2011.

［142］习近平. 出席第三届核安全峰会并访问欧洲四国和联合国教科文组织总部、欧盟总部时的演讲［M］. 北京：人民出版社，2014.

［143］燕道成. 网络暴力游戏对青少年的涵化与引导研究［M］. 北京：知识产权出版社，2015.

［144］郑莉君. 健康心理学［M］. 北京：中国人民大学出版社，2014.

［145］北京大学互联网发展研究中心. 游戏学［M］. 北京：中国人民大学出版社，2019.

［146］张越舟. 电竞解说概论［M］. 成都：四川大学出版社，2017.

［147］戚廷贵，刘孝严，唐树凡. 东西方艺术辞典［M］. 长春：吉林教育出版社，1992.

二、中文论文

［1］张上. 赛博空间中的传媒艺术——网络游戏的时空转向与艺术表征［J］. 视听，2020（5）.

［2］廖祥中. 网络游戏——带刺的玫瑰［J］. 现代传播，2005（5）.

［3］边晓春. 电子游戏艺术观［J］. 电子出版，1995（7）.

［4］钱奕含. 以《梦幻西游》为例论网络游戏的文化传播载体功能［J］. 现代阅读（教育版），2012（19）.

［5］任建东. 网络游戏与传统文化的传播［J］. 伦理学研究，2010（6）.

［6］高金燕. 中国民间游戏和电子游戏的社会功能差异［J］. 艺术与设计：理论，2010（1）.

［7］陈祖龙. 加强行业自律促发展——中国网络游戏产业高峰论坛侧记［J］. 软件和集成电路，2005（7）.

［8］李超民. 建设网络文化安全综合治理体系［J］. 晋阳学刊，2019（1）.

［9］崔会潜. 加强我国文化安全建设研究［J］. 法制与社会，2019（23）.

［10］孙磊. 从网络游戏的人际互动看网游的"迷群"特点：以《魔兽世界》为例［J］. 东南传播，2010（12）.

［11］林宏宇. 文化安全：国家安全的深层主题［J］. 国家安全通讯，1999（8）.

［12］易华勇，邓伯军. 新时代中国国家文化安全策论［J］. 江海学刊，2020（1）.

［13］程伟. 国家文化安全问题的生成与演化［J］. 河南社会科学，2019（1）.

［14］胡惠林. 国家文化安全：经济全球化背景下中国文化产业发展策论［J］. 学术月刊，2000（2）.

［15］梁竞阁，肖丽. 文化产业安全理论分析与保障措施［J］. 中国行政管理，2020（4）.

［16］麻争旗，高长力. 广播影视译制与国家文化安全——译制文化产业发展新思维［J］. 现代传播，2010（6）.

［17］吴腾飞. 新时代维护国家文化安全的三个维度［J］. 延边大学学报：社会科学版，2020（2）.

［18］殷鹤. 我国网络文化安全治理研究——基于马克思主义文化安全思想［J］. 理论导刊，2020（2）.

［19］隋岩，张丽萍. 中国影视"贸易逆差"下的文化安全探析［J］. 现代传播，2010（6）.

［20］肖庆，李朝阳. 中国影视的文化安全问题［J］. 电影艺术，2007（2）.

［21］何晓燕. 刍议电视节目对国家电视文化安全的建构［J］. 现代传播，2012（4）.

［22］胡杨，董小玉. 数字时代的虚拟文化空间构建——以网络游戏为例［J］. 当代传播，2018（4）.

［23］郑笑眉. 网络游戏《魔兽世界》的霸权文化［J］. 视听，2014（12）.

［24］李兴亮，付蓉. 媒体文化视野中的网络游戏［J］. 新闻界，2007（3）.

［25］王超. 网络游戏语言研究——以《王者荣耀》为例［J］. 汉字文化，2020（1）.

［26］张贺军，刘胜枝. 从人物角色看网络游戏对小说文学性的消解：以小说《诛仙》

及其同名网络游戏为例［J］. 北京邮电大学学报（社会科学版），2012（1）.

［27］吴玲玲. 网络游戏的传播模型建构与传播机制分析［J］. 福建论坛：人文社会科学版，2010（4）.

［28］张昆，任怡林. 情感的中介效应：网络游戏用户认知与使用行为意向［J］. 新闻与传播评论，2020（1）.

［29］朱艳琳. 从《英雄联盟》到《王者荣耀》：理性思考网络游戏文化［J］. 新媒体研究，2017（14）.

［30］舒小坚.《三国志》系列游戏传播启示［J］. 当代传播，2011（4）.

［31］谭震. 网络游戏助力中国传统文化推广［J］. 对外传播，2018（12）.

［32］陈盼. 中国传统武术在网络游戏中的运用［J］. 体育科技文献通报，2016（10）.

［33］龚余辉，陈彦君. 论国产网络游戏中民族文化建设的重要性［J］. 设计艺术研究，2020（2）.

［34］张俊. 网络游戏：传承和发展中国传统文化的新平台［J］. 市场瞭望，2014（8）.

［35］崔玉霞. 古代侠客文化与现代网络游戏［J］. 江西社会科学，2005（1）.

［36］罗斌. 论国产网络游戏对中国传统文化的继承［J］. 东南传播，2007（8）.

［37］梅仕士. 论民间文化元素在电脑游戏创作中的运用：以网络游戏《暗黑破坏神》为例［J］. 民俗研究，2007（4）.

［38］伍星尧. 架空与重构：网络游戏中历史文化的表现形式［J］. 科技传播，2019（2）.

［39］黄鸿讯，黄旭民. 人物服饰设计在网络游戏中的应用［J］. 神州，2020（14）.

［40］李磊. 传统文化在网络游戏场景造型设计中的体现［J］. 美与时代（上），2015（2）.

［41］肖莹艳. 浅析女性需求心理变化对网络游戏服饰变化产生的影响［J］. 黑龙江纺织，2014（2）.

［42］冯东，等. 电子游戏视觉艺术设计中的民族文化元素应用研究［J］. 宁夏大学学报：人文社会科学版，2010（1）.

［43］涂锐. 中国传统文化在网络游戏中的表现与运用［J］. 东南传播，2009（2）.

［44］雷霞. 被误读的重要网络文化：网络游戏［J］. 新闻与写作，2012（1）.

［45］白爱萍. 民族网络游戏与中国优秀民族文化的传承［J］. 东南传播，2006

（9）.

［46］高东旭. 网络游戏亟需重塑历史观［J］. 中国文艺评论，2017（8）.

［47］齐水霞. 中国传统文化在网络游戏传播中的问题简析［J］. 东南传播，2018（8）.

［48］卜玉梅. 虚拟民族志：田野、方法与伦理［J］. 社会学研究，2012（6）.

［49］黄少华，杨岚，梁梅明. 网络游戏中的角色扮演与人际互动——以《魔兽世界》为例［J］. 兰州大学学报（社会科学版），2015（2）.

［50］李琪，李峰. 网络游戏：潜力巨大的新兴电子商务应用［J］. 电子商务，2004（10）.

［51］孙晋平. 国际关系理论中的国家安全理论［J］. 国际关系学院学报，2000（4）.

［52］刘荣. 全球化时代中国文化安全问题及其应对［J］. 西北民族研究，2015（3）.

［53］王永明，等. 提升国家文化实力必须构建文化安全体系［J］. 理论探索，2010（4）.

［54］张守富. 经济全球化与中国三大安全［J］. 党政干部论坛，2000（12）.

［55］韩源. 国家文化安全引论［J］. 当代世界与社会主义，2008（6）.

［56］辛国安，等. 全球化视野下的国家文化安全［J］. 中国特色社会主义研究，2010（1）.

［57］贾磊磊. 国家文化安全基准线的设定原则［J］. 艺术百家，2011（5）.

［58］蔡武进，王蕾. 我国文化安全法治建设的理论进路与现实走向［J］. 学习与实践，2019（6）.

［59］陈乔之，李仕燕. 西方文化霸权威胁与中国国家文化安全选择［J］. 暨南学报（哲学社会科学版），2006（1）.

［60］李凤丹. 国家文化安全五要素探析［J］. 中共天津市委党校学报，2019（1）.

［61］王蜀. 论国家文化安全视角下的中华一体多元文化建设［J］. 理论月刊，2014（3）.

［62］刘进田. 文化安全及其方法论自觉［J］. 观察与思考，2019（4）.

［63］张丽丽，段妍. 习近平国家文化安全观探析［J］. 广西社会科学，2019（2）.

［64］涂成林. 马克思主义意识形态批判视野下的国家文化安全研究［J］. 马克思主义与现实，2018（5）.

［65］夏云. 论总体国家安全观视野中的文化安全［J］. 扬州大学学报（人文社会科

学版），2014（5）.

[66] 胡惠林. 国家文化安全法制建设：国家政治安全实现的根本保障——关于国家文化安全法制建设若干问题的思考 [J]. 思想战线，2016（5）.

[67] 李娜. 总体国家安全观视阈下文化安全的理论概述 [J]. 课程教育研究，2017（47）.

[68] 王瑞香. 论总体国家安全观视野中的国家文化安全 [J]. 社会主义研究，2016（5）.

[69] 王宏伟. 准确理解总体国家安全观的科学内涵 [J]. 旗帜，2019（4）.

[70] 张小平. 当代文化帝国主义的新特征及批判 [J]. 马克思主义研究，2019（9）.

[71] 刘勇. 西方文化渗透研究综述 [J]. 学术探索，2017（9）.

[72] 张其学. 关于"文化霸权"概念的再思考 [J]. 广东社会科学，2005（5）.

[73] 孙晶. 文化帝国主义与文化霸权思想考察 [J]. 北京理工大学学报（社会科学版），2004（1）.

[74] 杨生平，张慧慧. 亨廷顿"文明冲突论"再评析 [J]. 北京行政学院学报，2009（2）.

[75] 王晓梅，严芳. 新媒体时代我国文化安全面临的挑战及对策 [J]. 理论观察，2019（3）.

[76] 约瑟夫·奈，王缉思. 中国软实力的兴起及其对美国的影响 [J]. 世界经济与政治，2009（6）.

[77] 李莹. 论总体国家安全观视阈下的国家文化安全 [J]. 山东干部函授大学学报：理论学习，2018（9）.

[78] 吴长清，王霞. 新时代中国国家文化安全面临的挑战及对策 [J]. 湖南工业大学学报（社会科学版），2018（2）.

[79] 邓会君. 总体国家安全观视阈下的文化安全研究 [J]. 文化创新比较研究，2018（33）.

[80] 陈敏. 国家文化安全理论研究述评与展望——基于总体国家安全观的视野 [J]. 探求，2019（1）.

[81] 刘丹凤，吕青. 葛兰西文化领导权思想对我国新时代提高文化安全的启示 [J]. 科技视界，2018（17）.

［82］姜莉丽，郝超. 维护文化安全的战略意义及路径分析［J］. 哈尔滨学院学报，
　　　2018（11）.

［83］杨艳，李振宇. 总体国家安全观视野下的文化安全观［J］. 求知，2018（8）.

［84］李长华，胡敏. 浅谈发展我国对外文化贸易的战略意义［J］. 现代商业，2019
　　　（23）.

［85］弋俊楠，董小静. 中国对外文化贸易现状、问题及策略［J］. 对外经贸实务，
　　　2019（3）.

［86］于婉华，张美红. 新时代维护我国文化安全的相关措施及意义［J］. 汉字文
　　　化，2019（14）.

［87］何茜. 西方文化渗透下我国网络意识形态安全发展态势与对策研究［J］. 中国
　　　社会科学院研究生院学报，2018（3）.

［88］刘新慧. 当前维护我国文化安全之路径选择［J］. 现代交际，2019（4）.

［89］李楠，王懂礼. 国家意识形态安全视域下中华优秀传统文化的传承和弘扬
　　　［J］. 思想理论教育导刊，2019（4）.

［90］甘春松. 综合创新与中国文化的发展战略［J］. 新东方，2008（9）.

［91］宋德孝. 西方流行文化的后现代叙事与中国大学生意识形态安全——基于国内
　　　几所大学的调研分析［J］. 中国青年研究，2019（3）.

［92］关进礼. 新形势下国家文化安全威胁及对策研究［J］. 思想理论教育导刊，
　　　2013（10）.

［93］高见. 浅析国家文化安全面临的挑战及对策［J］. 法制与社会，2018（4）.

［94］郝良华. 论全球化背景下的中国国家文化安全［J］. 江淮论坛，2006（6）.

［95］李宗桂. 试论中国优秀传统文化的评价标准［J］. 社会科学战线，2017（8）.

［96］宋文生. 哲学视野的文化评价标准及其意义［J］. 湖北社会科学，2014（5）.

［97］李宗桂. 试论中国优秀传统文化的内涵［J］. 学术研究，2013（11）.

［98］郑维东，李晓男. 政治文化的两种维度：政治心理与意识形态［J］. 中国青年
　　　政治学院学报，2004（1）.

［99］佟德治. 政治文化的层次结构与要素分析［J］. 晋阳学刊，2012（3）.

［100］朱日耀. 中国传统政治文化的结构及其特点［J］. 政治学研究，1987（6）.

［101］王定国. 中古西欧社会价值观的探究［J］. 思想战线，2015（S1）.

[102] 李朝远. 中西领主分封制比较研究 [J]. 历史教学问题, 1988 (1).

[103] 明言. 三国文化国际学术讨论会观点综述 [J]. 学术月刊, 1994 (3).

[104] 陈劲松. 儒学社会中王朝的合法性及其历史建构 [J]. 中国人民大学学报, 2006 (2).

[105] 匡文波, 郭育丰. 微博时代下谣言的传播与消解——以 "7·23" 甬温线高铁事故为例 [J]. 国际新闻界, 2012 (2).

[106] 肖云. 浅析唐朝皇帝调遣军队的权力 [J]. 沧桑, 2012 (2).

[107] 王赛时. 唐朝军队结构的变化与骄兵悍将的形成 [J]. 齐鲁学刊, 1988 (5).

[108] 邱惠林. 论美国印第安民族的衰落 [J]. 四川大学学报 (哲学社会科学版), 1995 (4).

[109] 仲华, 邹轶男. 抗战时期外国军事援助述评 [J]. 军事历史研究, 2007 (1).

[110] 尤学工. 明君德政：中国古代历史教育的一个面相 [J]. 史学史研究, 2018 (2).

[111] 肖隽逸. 从阿兹特克末代皇帝到现代墨西哥民族象征——夸乌特莫克形象的历史变迁 [J]. 江苏师范大学学报 (哲学社会科学版), 2016 (5).

[112] 林锡星. 缅甸历史分期探析 [J]. 东南亚研究, 2002 (5).

[113] 罗成琰, 阎真. 儒家文化与二十世纪中国文学 [J]. 文学评论, 2000 (11).

[114] 潘琦. 中国侠义精神与法治 [J]. 中南民族大学学报 (人文社会科学版), 2003 (S2).

[115] 雷铁柱. 侠义精神：武侠电影的灵魂 [J]. 电影文学, 2010 (22).

[116] 闻一多书画选辑 (四) ——致友人信 (1922 年—1925 年) [J]. 新文学史料, 1984 (2).

[117] 王喆. "为了部落"：多人在线游戏玩家的结盟合作行为研究 [J]. 国际新闻界, 2018 (5).

[118] 许亚非. 论传统勇毅及其当代价值 [J]. 西南民族大学学报 (人文社科版), 2004 (8).

[119] 宋晓梅. 维京人原始宗教信仰初探 [J]. 青海师范大学学报 (哲学社会科学版), 2014 (5).

[120] 王云龙. 维京神话叙事特质的历史学解析 [J]. 贵州社会科学, 2011 (7).

[121] 陈克鑫. 《希腊神话》中冥王哈迪斯形象的艺术魅力 [J]. 名作欣赏, 2011

(18).

[122] 韩庆贵. 十字军的克星——萨拉丁 [J]. 军事历史, 1999 (6).

[123] 舒立言. 谁说女子不如男——豫剧《花木兰》唱词赏析 [J]. 上海戏剧, 2005 (10).

[124] 李紫娟. 论豫剧《花木兰》的艺术特色 [J]. 小说评论, 2012 (S2).

[125] 李雄飞.《木兰辞》是十六国时期陕北地区的民间叙事诗 [J]. 西北民族学院学报：哲学社会科学版·汉文, 1999 (1).

[126] 叶齐华. 纯洁、坚贞的生死恋——《特里斯丹和绮瑟》和《梁山伯与祝英台》爱情描写特点比较 [J]. 中南民族学院学报（哲学社会科学版）, 1994 (2).

[127] 邓敏文. 李白与长江流域的浪漫诗风 [J]. 中南民族学院学报（人文社会科学版）, 2000 (1).

[128] 宋贞和. 日本大众文化中三藏的女性化 [J]. 明清小说研究, 2010 (2).

[129] 孙亦平. 论中国道教对日本阴阳道的影响——以阴阳道的泰山府君信仰为例 [J]. 湖南大学学报（社会科学版）, 2015 (1).

[130] 倪瑞华. 马克思的意识形态概念内涵的语境分析 [J]. 马克思主义研究, 2017 (9).

[131] 周逢梅, 邵小文. 习近平对维护国家文化安全的战略思考 [J]. 党的文献, 2019 (1).

[132] 段妍. 中国共产党国家文化安全思想的历史考察 [J]. 上海师范大学学报（哲学社会科学版）, 2018 (2).

[133] 马振超. 意识形态安全：当前维护国家文化安全的核心 [C] //贾磊磊. 构筑文化江山——中国国家文化安全研究, 北京：中国广播影视出版社, 2015.

[134] 潘宁. 文化自觉视域下推进马克思主义时代化的若干思考 [C] //上海市社会科学界联合会. 马克思主义与文化新自觉——上海市社会科学界第十届学术年会文集马克思主义研究学科卷, 上海：上海人民出版社, 2012.

[135] 杨定明. 习近平国家文化安全观思想研究 [J]. 佛山科学技术学院学报（社会科学版）, 2018 (3).

[136] 潘忠岐. "文明冲突"理论的系统阐释——亨廷顿新著《文明的冲突与世界秩序的重建》简介 [J]. 现代外国哲学社会科学文摘, 1997 (6).

[137] 吴建璠, 等. "一国两制"与香港基本法 [J]. 法学研究, 1997 (4).

[138] 管新福, 洪刚. 反犹主义视阈中的犹太商人形象——以三部英国涉犹文学经典为例 [J]. 江汉论坛, 2009 (4).

[139] 龚书铎. 历史题材电视剧随想 [J]. 中国人民大学学报, 2007 (2).

[140] 黄朴民. 依违于历史与艺术之间——为中国影视史学号脉 [J]. 中国人民大学学报, 2007 (2).

[141] 卜宪群, 杨艳秋, 高希中. 一个民族的历史是一个民族安身立命的基础——兼评历史虚无主义 [J]. 求是, 2014 (4).

[142] 孟宪实. 历史剧与历史学散论 [J]. 中国人民大学学报, 2007 (2).

[143] C.科尔米洛夫, 张捷. 历史文学一般理论浅谈 [J]. 国外社会科学, 1980 (1).

[144] 陈娇华. 对20世纪90年代后历史小说创作的审美新变考察 [J]. 广西社会科学, 2006 (3).

[145] 许殿才. 历史普及与历史题材影视片——访龚书铎教授 [J]. 史学史研究, 2001 (4).

[146] 王昕. 论电视历史剧的艺术真实性系统 [J]. 现代传播, 2007 (1).

[147] 叶美兰, 熊玉文. 历史叙事与网络文化安全 [J]. 江海学刊, 2015 (5).

[148] 李妮. 文化自信背景下的高校意识形态安全——论历史虚无主义文学作品的危害性 [J]. 邓小平研究, 2017 (2).

[149] 吴玉军, 刘娟娟. 总体国家安全观视域下的文化认同问题 [J]. 中国特色社会主义研究, 2018 (5).

[150] 宋效峰. 文化全球化与中国的文化安全 [J]. 探索, 2005 (5).

[151] 吴满意, 等. 中国文化安全面临的挑战及其战略选择 [J]. 当代世界与社会主义, 2004 (3).

[152] 解科珍, 马抗美. 文化自信与历史虚无主义批判 [J]. 思想教育研究, 2009 (7).

[153] 列·尼·古米廖夫. 匈奴在亚洲和欧洲 [J]. 郑之光, 译. 温州师院学报(哲学社会科学版), 1990 (3).

[154] 施铁靖. 试从征侧起兵的规模看其性质 [J]. 广西师范大学学报（哲学社会

科学版），1981（3）．

[155] 付成双．毛皮贸易与北美殖民地的发展［J］．南开学报（哲学社会科学版），
2015（2）．

[156] 席龙飞．世界航海先驱郑和与西方诸航海家的比较［J］．海交史研究，1992
（2）．

[157] 伍雄武．中华文化的世界意义——郑和与哥伦布航海的比较［J］．云南师范
大学学报（哲学社会科学版），1996（1）．

[158] 李凤亮．文化视野中的通俗文艺与高雅文艺［J］．兰州大学学报（社会科学
版），2002（6）．

[159] 梁上上．公共利益与利益衡量［J］．政法论坛，2016（6）．

[160] 姜涛．虐待动物罪的伦理基础［J］．伦理学研究，2012（3）．

[161] 滕召军，刘衍玲，郭成．暴力电子游戏对攻击行为的影响及其争论［J］．心
理发展与教育，2015（4）．

[162] 龚昱．网络游戏：警惕过速衰退［J］．软件工程师，2009（9）．

[163] 李学成，王焯．满族辫发渊源考辨［J］．云南师范大学学报（哲学社会科学
版），2019（3）．

[164] 周淼．西方文化安全检查制度及苏联解体的教训［J］．世界社会主义研究，
2018（2）．

[165] 何平．欧洲历史上的大规模传染病［J］．文史月刊，2003（11）．

[166] 高玉宽．中世纪欧洲鼠疫及其对当时社会经济的影响［J］．开封大学学报，
2003（2）．

[167] 黄道炫．"二五八团"下的心灵史：战时中共干部的婚恋管控［J］．近代史研
究，2019（1）．

[168] 谢晓娟．论对外文化交流中的中国国家形象［J］．当代世界与社会主义，
2012（3）．

[169] 丁海东．论儿童精神的潜意识化［J］．学前教育研究，2006（5）．

[170] 张福伟．《钟无艳》传统谱式［J］．南国红豆，2012（6）．

[171] 周笑冰．韩国政府的游戏产业扶持政策及启示［J］．特区实践与理论，2012（6）．

[172] 曾玉英．美国网络游戏管理及其对我国的启示［J］．出版发行研究，2016（7）．

［173］张焱. 美军全面"入侵"好莱坞［J］. 商学院，2014（4）.

［174］黄克诚. 目前军事建设中的部队政治工作［C］//黄克诚军事文选，北京：解放军出版社，2002.

［175］闻一多. 家族主义与民族主义［C］//吴义勤. 七子之歌：闻一多经典必读，上海：文化艺术出版社，2012：8-10.

［176］臧运祜. 八路军、新四军的武器装备［C］//中国人民抗日战争纪念馆专题资料汇编，北京：北京出版社，1993：156.

［177］庹祖海. 开展网络游戏文化评论［C］//北京大学文化产业研究院，人民网研究院. 快乐消费的文化底色：网络游戏评论文集，北京：人民日报出版社，2012.

三、中文报纸

［1］陈文祥. 网络游戏进教材，宜耶不宜？［N］. 中国民族报，2009-5-8（04）.

［2］荆轲是女的，李白成刺客？玩《王者荣耀》真能学好历史吗？［N］. 贵州都市报，2017-3-30（V05）.

［3］王品芝. 中国电影最大问题是技术人才薄弱［N］. 中国青年报，2015-6-11（11）.

［4］杜潇，孙默融. 游戏产业助推文化出海［N］. 人民日报：海外版，2019-2-1（08）.

［5］侯惠勤. 再辩"普世价值"的理论实质［N］. 光明日报，2017-5-19（3）.

［6］郭锦辉，郭锦辉. 传统文化产业呈现三大特征 大规模数字化趋势明显［N］. 中国经济时报，2019-3-6（A06）.

［7］刘继兴. 汉灵帝把卖官鬻爵当玩闹［N］. 新华每日电讯，2012-12-14（15）.

［8］邵长军. 国外重拳打击网络政治谣言［N］. 人民日报，2017-11-27（23）.

［9］崔文佳. 重视政治谣言的"减收效应"［N］. 北京日报，2014-9-24（03）.

［10］任平. 永葆人民军队性质宗旨本色［N］. 人民日报，2020-1-9（04）.

［11］新华社. 约翰逊又在"和平"幌子下进行战争讹诈 鲍尔叫嚷要强化侵越战争，自行揭穿约翰逊的骗局［N］. 人民日报，1965-4-13（5）.

［12］本报评论员. 美式"人权""民主"极度虚伪——操弄"双标"不会得逞

　　　　［N］. 人民日报, 2019-12-1（1）.

［13］ 新华社. 控诉法国殖民者残暴的罪行［N］. 浙江日报, 1955-8-29（2）.

［14］ 新华社. 英政府考虑赔偿"茅茅"斗士［N］. 北京晨报, 2013-5-7（A25）.

［15］ 郑学富.《京畿瑞雪图》里的长安雪景［N］. 中国文化报, 2019-12-22（4）.

［16］ 夏姗姗. 中医气功学近十年首次培训师资［N］. 北京商报, 2013-7-3（D2）.

［17］ 习近平. 在纪念中国人民抗日战争暨世界反法西斯战争胜利70周年大会上的讲话［N］. 人民日报, 2015-9-4（2）.

［18］ 陈杰. 为了民族的尊严——记天津光荣软件有限公司四青年［N］. 人民日报, 1996-8-18（1）.

［19］ 张玉玲. 手机游戏不能颠覆历史［N］. 光明日报, 2017-3-28（06）.

［20］ 庞岚. 防范网络游戏成瘾 亟待屏障升级［N］. 人民日报, 2017-7-4（5）.

［21］ 杨季鑫. 警惕：外来军游里隐藏的威胁［N］. 中国国防报, 2017-3-22（04）.

［22］ 上海自贸区总体方案公布［N］. 兰州晨报, 2013-9-28（A12）.

［23］《秘密潜入2》恶意损害我国我军形象 新闻出版总署17日下发追缴令［N］. 中国石油报, 2004-3-19（5）.

［24］ 萧达, 丁雨晴, 曲恒. 美热门战争游戏遭中国封杀,［N］. 环球时报, 2013-12-30（03）.

［25］ 牛北溟, 伊文, 江雪晴. "文明冲突论"作者去世［N］. 环球时报, 2008-12-29（16）.

［26］ 钟声. 不要逆历史潮流而动——"对华文明冲突论"可以休矣［N］. 人民日报, 2019-5-21（3）.

［27］ 侯晓晨. 希腊总统："文明冲突论"是巨大错误［N］. 新华每日电讯, 2019-5-14（05）.

［28］ 陈小茹. 可用"孔子改进"取代"文明冲突论"［N］. 中国青年报, 2019-5-17（05）.

［29］ 单仁平. "肮脏的中国餐馆"是款肮脏手游［N］. 环球时报, 2017-9-29（15）.

［30］ 日游戏商制售"辱华游戏"［N］. 兰州晨报, 2012-5-9（A20）.

［31］ 胡欣红. 绝不能坐视暴力电游沦为"精神毒品"［N］. 北京青年报, 2018-2-9（A02）.

［32］王斌. 军事游戏文化入侵不容小觑［N］. 中国国防报, 2017-3-22（04）.

［33］徐京跃, 霍小光. 中共中央举行纪念毛泽东同志诞辰 120 周年座谈会［N］. 中国青年报, 2013-12-27（01）.

［34］仲青平. 尊崇英雄的主流价值永不过时［N］. 中国青年报, 2015-7-19（01）.

［35］习近平. 在哲学社会科学工作座谈会上的讲话［N］. 人民日报, 2016-5-19（2）.

［36］新华社. 对中华文明应多一份尊重多一份思考［N］. 中国青年报, 2014-10-14（01, 06）.

［37］施雨岑, 吴晶, 胡浩. 文明之光照亮复兴之路——以习近平同志为核心的党中央关心文化和自然遗产保护工作纪实［N］. 人民日报, 2019-6-10（1）.

［38］习近平. 坚持以人民为中心的创作导向 创作更多无愧于时代的优秀作品［N］. 人民日报, 2014-10-16（1）.

［39］徐鹏飞. "仙侠"不可架空现实伦理［N］. 人民日报, 2017-8-16（24）.

［40］李云雷. 优秀通俗文艺可成经典［N］. 人民日报, 2018-7-24（23）.

［41］谢宛霏. "王者荣耀"似鸦片式传播 学生深陷其中［N］. 中国青年报, 2017-5-26（06）.

［42］王佳, 刘晶. 网络游戏: 披上"赌博"的隐形衣［N］. 检察日报, 2009-6-2（4）.

［43］马丰敏. 虚拟货币新规剑指何处?［N］. 高新科技导报, 2009-7-6（A5）.

［44］杨汛. 网络游戏: 旋涡中的产业［N］. 北京日报, 2010-11-29（003）.

［45］余建斌. 网络游戏防沉迷系统全面实施［N］. 人民日报, 2007-7-17（005）.

［46］魏鹏举. 切合人民利益, 激发文化活力［N］. 人民日报, 2013-11-5（14）.

［47］杨阳. "低调"联众［N］. 经济观察报, 2013-6-17（25）.

［48］王晓雄. 美热门电脑游戏在伊朗被禁［N］. 环球时报, 2011-11-29（05）.

［49］韩维正. 用精品游戏讲好中国故事［N］. 人民日报: 海外版, 2018-8-31（10）.

［50］刘昕. 自主研发做主旋律游戏出口成文化"走出去"领军者［N］. 国际商报, 2018-1-9（2）.

［51］刘宝强. 国内手游过度资本化 热钱或年底逃离［N］. 第一财经日报, 2014-5-13（A11）.

［52］彭训文. 国产游戏"抱团出海"正当时［N］. 人民日报：海外版，2018-8-31
（10）.

［53］邱智丽. 中国游戏霸屏东南亚［N］. 第一财经日报，2017-8-4（A07）.

［54］徐佩玉. 游戏出海，扬起"中国风"［N］. 人民日报：海外版，2020-2-4
（06）.

［55］段倩倩. 英雄互娱 CEO 吴旦：未来五年中国将成游戏最大内容输出者［N］.
第一财经日报，2017-11-6（A08）.

［56］游戏与传统中国的"花火"［N］. 新民周刊，2019-8-12（31）.

［57］钟传. 如何让中华传统文化在游戏中"活起来"？［N］. 中国民族报，2019-3-
8（11）.

［58］郑海鸥. 中宣部等部委联合开展针对网络游戏违法违规行为和不良内容的集中
专项行动［N］. 人民日报，2017-12-19（06）.

［59］周玮. 文化和旅游部查处丑化恶搞英烈行为［N］. 新华每日电讯，2018-6-1
（03）.

［60］刘雪露. 完善文化管理政策 激发网游市场活力［N］. 中国经济时报，2018-
4-9（A08）.

［61］方怡君. "打游戏"专业趋热 电竞教育面临课程、师资难题［N］. 新京报，
2018-9-17（D02）.

［62］范彦萍. 上海出版印刷高等专科学校将首次开设电子竞技运动与管理专业
［N］. 青年报，2018-12-22（A08）.

［63］电子竞技［N］. 台州晚报，2018-10-28（02）.

［64］高少华，孙丽萍. 游戏业 2019 显现三大新风口［N］. 经济参考报，2019-8-6
（A08）.

［65］张锐. 中国电子竞技进入最好的时代［N］. 证券时报，2017-10-10（A003）.

［66］程昭华. 手机游戏迎来野蛮生长［N］. 大河报，2013-8-15（F03）.

［67］王法治. 网络游戏"托儿"不可持续［N］. 人民日报（海外版），2019-5-
27（08）.

［68］晁星. 永葆斗争精神走好逐梦之路［N］. 北京日报，2019-9-6（03）.

［69］王乐. "网瘾"、社会责任与网络游戏未来［N］. 经济观察报，2005-6-13（28）.

［70］网络游戏道德委员会成立并开展作品评议［N］. 人民日报，2018-12-8（6）.

［71］张漫子. 青少年用网健康谁来保护？［N］. 经济参考报，2017-4-7（A24）.

［72］郁建兴. 辨析国家治理、地方治理、基层治理与社会治理［N］. 光明日报，
2019-8-30（11）.

［73］孙佳山，孙静. 网络游戏成瘾背后是游戏素养的匮乏［N］. 中国青年报，
2018-10-24（02）.

［74］丁宅铮，等. 美国将"导弹"装进游戏软件"特种部队"对我发动文化战争
［N］. 中国国防报，1999-6-21.

［75］沈玮玮. 县衙里的装饰：古代公堂对司法公正的诠释［N］. 人民法院报，
2016-1-22（005）.

四、中文互联网资料

［1］中国音像与数字出版协会游戏出版工作委员会（GPC），伽马数据（CNG）. 中
国游戏产业报告（2000-2019）［EB/OL］.（2020-02-18）［2020-05-10］. ht-
tp://www.cgigc.com.cn/gamedata/index_2.html.

［2］柳缘园. 网络游戏脱离妖魔化了吗？［EB/OL］.（2019-04-13）［2020-03-09］.
https://www.thepaper.cn/newsDetail_forward_3291711.

［3］中国网信网. 第45次《中国互联网络发展状况统计报告》［EB/OL］.（2020-
04-27）［2020-05-08］. http://www.cac.gov.cn/2020-04/27/c_1589535470378
587.htm.

［4］中国网信网. 第44次《中国互联网络发展状况统计报告》［EB/OL］.（2019-08-
30）［2020-05-08］. http://www.cac.gov.cn/2019-08/30/c_1124938750.htm.

［5］游戏产业网. 2017年1—6月中国游戏产业报告［EB/OL］.（2017-08-03）
［2020-03-05］. http://www.cgigc.com.cn/gamedata/13674.html.

［6］故宫名画记. 展子虔游春图卷［EB/OL］.（2019-07-10）［2020-03-05］. ht-
tps://minghuaji.dpm.org.cn/paint/appreciate?id=796340a0de3845319bae0b76a4f47b22.

［7］张玉玲. 荆轲是女的？小学生玩《王者荣耀》还能学好历史吗？［EB/OL］.
（2017-03-29）［2020-05-08］. https://weibo.com/ttarticle/p/show?id=230940409
0560657935538.

［8］ 人民网. 人民网三评《王者荣耀》：过好"移动生活"倡导健康娱乐［EB/OL］.（2017-07-06）［2020-05-10］. http://opinion. people. com. cn/n1/2017/0706/c1003-29387722. html.

［9］ 人民网. 人民网二评《王者荣耀》：加强"社交游戏"监管刻不容缓［EB/OL］.（2017-07-04）［2020-05-09］. http://opinion. people. com. cn/n1/2017/0704/c1003-29382531. html.

［10］ 人民网. 人民网一评《王者荣耀》：是娱乐大众还是"陷害"人生［EB/OL］.（2017-07-03）［2020-03-09］. http://opinion. people. com. cn/n1/2017/0703/c1003-29379751. html.

［11］ 美媒：美国务院研究应对"中美文明冲突"［EB/OL］.（2019-05-03）［2020-03-08］. http://www. cankaoxiaoxi. com/china/20190503/2379053. shtml.

［12］ 李忠发，熊争艳，丁小溪. 习近平出席亚洲文明对话大会开幕式并发表主旨演讲［EB/OL］.（2019-05-15）［2020-05-09］. http://www. xinhuanet. com/2019-05/15/c_1124499008. htm.

［13］ 李萌，姚凯红. 电玩游戏暗指台湾为"国家"外国网友：不符合一中［EB/OL］.（2017-11-17）［2020-05-10］. http://news. haiwainet. cn/n/2017/1117/c3541093-31180804. html.

［14］ 崔天也. 躲游戏里也不让你狂！"暴徒"在网络游戏里打砸过瘾，内地玩家扮警察一通收拾［EB/OL］.（2019-12-26）［2020-05-10］. https://china. huanqiu. com/article/9CaKrnKoyNg.

［15］ 张霓. 辱华游戏引发美政界人士抗议 外国网友也站了出来［EB/OL］.（2017-09-27）［2020-03-08］. http://huaren. haiwainet. cn/n/2017/0927/c232657-31136413. html.

［16］ 腾讯视频.《虎豹骑》乔妹说第1期［EB/OL］.（2017-09-14）［2020-05-09］. https://v. qq. com/x/page/v05506vhbyy. html?new=1.

［17］ 新浪游戏. 校园射击游戏上 Steam 惹怒众人 V 社审查制度再被批评［EB/OL］.（2018-05-26）［2020-03-09］. http://games. sina. com. cn/wm/2018-05-26/doc-ihcaqueu3738096. shtml.

［18］ 董思睿，孙红丽. 文旅部：《网络游戏管理暂行办法》废止［EB/OL］.

（2019-08-21）［2020-05-09］. http://game. people. com. cn/n1/2019/0821/c4 0130-31307591. html.

［19］陈默. 德国放松电子游戏纳粹符号禁令 但审查依旧严格［EB/OL］.（2018-08-11）［2020-03-05］. http://www. oushinet. com/europe/germany/20180811/298526. html.

［20］搜狐网. 能把希特勒的胡子审掉，德国游戏审查有多严格？［EB/OL］.（2017-11-06）［2020-05-10］. https://www. sohu. com/a/202664161_616122.

［21］17173网. 网络游戏版天仙配剧情《抗战》式革命情侣秀［EB/OL］.（2009-08-27）［2020-04-16］. http://news. 17173. com/content/2009-08-27/200908 27101605572, 1. shtml.

［22］张绵绵. 中华人民共和国文化产业促进法（草案送审稿）［EB/OL］.（2019-12-13）［2020-03-15］. http://www. npc. gov. cn/npc/c30834/201912/e9c9d 9677e444915af5a945a11cdf728. shtml,.

［23］千龙网. 网博会呈现文化"立体融合"［EB/OL］.（2013-10-13）［2020-04-10］. http://news. cqnews. net/html/2013-10/13/content_28209065. htm,.

［24］17173网. 北美2月份游戏畅销榜 魔兽世界高居榜首［EB/OL］.（2008-03-19）［2020-04-15］. http://news. 17173. com/content/2008-03-19/2008031918 4359296. shtml.

［25］搜狐网. 真的只是游戏？电子游戏与文化输出的那些事［EB/OL］.（2019-01-25）［2020-05-11］. https://www. sohu. com/a/291578162_100191019.

［26］杨虞波罗，杨波. 国风游戏研究报告：中国传统文化在游戏领域的转化与创新［EB/OL］.（2019-02-18）［2020-03-15］. http://game. people. com. cn/n1/2019/0218/c40130-30761005. html.

［27］李萱娜. 新闻出版署将大力扶植民族网络游戏和动漫基地［EB/OL］.（2004-06-16）［2020-05-10］. http://www. china. com. cn/policy/txt/2004-06/16/content_5587317. htm.

［28］中华人民共和国中央人民政府网站. 新闻出版广电总局关于实施"中国原创游戏精品出版工程"的通知［EB/OL］.（2016-11-24）［2020-03-16］. http://www. gov. cn/xinwen/2016-11/24/content_5137162. htm.

［29］ 刘诗洋. 版号审批重启，网络游戏道德委员会守门［EB/OL］.（2019-01-18）
［2020-05-10］. http：//www. infzm. com/contents/143650.

［30］ 新浪游戏. 刘睿哲举报国行 PS4 事件回顾 网络暴力是否应该？［EB/OL］.
（2016-12-19）［2020-05-10］. http：//games. sina. com. cn/t/n/2016-12-19/
fxytqav9920696. shtml.

［31］ 中央政府门户网站. 文化部 26 日正式开通 12318 全国文化市场举报网站［EB/
OL］.（2016-11-24）［2020-05-10］. http：//www. gov. cn/jrzg/2011-04/26/
content_1852561. htm.

［32］ 新华网. 中国网络游戏投诉平台正式上线 一站解决游戏投诉难题［EB/OL］.
（2017-11-16）［2020-05-10］. http：//www. xinhuanet. com/ent/2017-11/16/c_
1121960952. htm.

［33］ 新华网. 多部委联合整治网络游戏违规乱象 中国网络游戏投诉平台初见成效
［EB/OL］.（2018-01-02）［2020-05-10］. http：//www. xinhuanet. com/ent/
2018-01/02/c_1122196778. htm.

五、外文著作

［1］ HERBERT I SCHILLER. Communication and Cultural Domination［M］. New York：
White Plains，1976.

［2］ ARIEL DORFMAN，ARMAND MATTELART. How to Read Donald Duck：Imperial-
ist Ideology in the Disney Cartoon，Translated by David Kunzle［M］. New York：In-
ternational General，1975.

［3］ BERNADETTE CASEY，et al. Television Studies：the Key Concepts［M］. London
and New York：Outledge，2002.

［4］ WILLIAMS J P，HENDRICKS S Q，WINKLER，W K. Gaming as Culture：Essays
on Reality Identity and Experience in Fantasy Games［M］. Jefferson.，NC：McFar-
land and Company，2006.

［5］ TAYLOR T L. Play Between Worlds：Exploring Online Game Cultures［M］. Cam-
bridge：MA：MIT Press，2006.

［6］ STEVE L KENT. The Ultimate History of Video Games：From Pong to Pokemon and

Beyond—The Story Behind the Craze That Touched Our Lives and Changed the World ［M］. Prima Communications, Inc., 2001.

［7］ WOLF, MARK. The Video Game Theory Reader ［M］. London; New York: Routledge, 2003.

［8］ PAOLO RUFFINO. Future Gaming: Creative Interventions in Video Game Culture ［M］. Cambridge: The MIT Press., 2018.

［9］ MARK J P, WOLF. The Medium of the Video Game ［M］. University of Texas Press, 2002.

［10］ RICHARD FAGEN. The Transformation of Political Culture in Cuba ［M］. Stanford Cal: Stanford University Press, 1969.

［11］ R H SOLOMON. Mao's Revolution and the Chinese Political Culture ［M］. Berkeley: University of California Press, 1971.

［12］ W T BLUHM. Ideologies and Attitudes: Modern Political Culture ［M］. Englewood Cliffs: Prentice-Hall, 1974.

［13］ RICHARD WILSON. Learning to be Chinese: the Political So-cialization Children in Taiwan ［M］. Cambridge, MIT Press, 1970.

［14］ R H FITZGIBBON, J A FERNANDO. Latin America: Political Culture and Development ［M］. Englewood Cliffs: N. J. Prentice-Hall, 1981.

六、外文文章

［1］ RICHIERI HANANIA. Trade Culture and the European Union Cultural Exception ［J］. International Journal of Cultural Policy, 2019 (5).

［2］ WRIGHT, ESTHER. Digital Games as History: How Video games Represent the Past and Offer Access to Historical Practice ［J］. Journal of Popular Culture, 2017 (6).

［3］ NICOLAS BESOMBES, PAULINE MAILLOT. Body Involvement in Video Gaming as a Support for Physical and Cognitive Learning ［J］. The International Journal of Research into New Media Technologies, 2020 (4).

［4］ WILLIAMS D, YEE N, CAPLAN S E. Who Plays, How Much, and Why? Debunking the Stereotypical Gamer Profile ［J］. Journal of Computer-Mediated Communication, 2008 (7).

[5] ONDREJKA. Finding Common Ground in New Worlds [J]. Games & Culture, 2006 (1).

[6] SHAW A. What Is Video Game Culture? Cultural Studies and Game Studies [J]. Games & Culture, 2010 (5).

[7] FRASER ALLISON, MARCUS CARTER, MARTIN GIBBS. Word Play: A History of Voice Interaction in Digital Games [J]. Games & Culture, 2020 (3).

[8] LOWELL DITTMER. Poiltical Culture and Political Symbolism: Toward a Theoretical Synthesis [J]. World Politics, 1977 (29).

[9] HUGH DAVIES, ZHUYING LI. Travel Frog: Traversing cultural borders with mobile games [J]. The International Journal of Research into New Media Technologies, 2019 (1).

[10] DEMETROVICS Z, URBÁN R, NAGYGYÖRGY K, et al.. The Development of the Problematic Online Gaming Questionnaire (POGQ) [EB/OL]. https://doi.org/10.1371/journal.pone.0036417.